Psychologue clinicien de formation et écrivain, Robert Eymeri s'est tourné très tôt vers la spiritualité. Sa rencontre avec Armelle Six a constitué un tournant décisif dans sa vie. Il a déjà publié *Luis Ansa, la voie du sentir* (Le Relié, 2015).

Armelle Six est originaire de Belgique. Sa vie a basculé suite au décès de son petit garçon, en 2001. Une brèche s'ouvre, l'épreuve la transforme. Elle décide de changer de vie. Conférencière internationale depuis plusieurs années, elle partage la joie qu'elle vit au quotidien.

DU MÊME AUTEUR

Luis Ansa, la voie du sentir
Éditions du Relié, 2015

Robert Eymeri

LE BONHEUR QUOI QU'IL ARRIVE

Propos fulgurants d'Armelle Six

Éditions Almora

TEXTE INTÉGRAL

ISBN 978-2-7578-7001-3
(ISBN 978-2-35118-317-5, 1re publication)

Remerciements d'Armelle Six

Un immense merci du fond du cœur à Julie Lavarello Eymeri, l'épouse de Robert, pour toutes les façons dont elle a contribué à ce projet, ses partages et sa douce présence, et tous ses bons petits plats lors des moments partagés.

Gratitude infinie à Roger Castillo pour sa Présence et la clarté que ses mots sont venus déposer sur une expérience qui était déjà là.

Profonde gratitude à Robert, qui par ce livre, a répondu, lui aussi, à mes prières alors que je vivais un moment de vide et de silence assez intenses et que je ne savais plus comment parler de l'expérience que je vis. Ses questions, interviews et toutes nos rencontres sont venues éclairer, mettre en forme et structurer ce qui m'habite et me traverse.

Remerciements de Robert Eymeri

Un très grand merci à Armelle pour ce qu'elle est, pour sa présence et sa parole qui furent pour moi un véritable feu de conscience.

Tendresse infinie à Julie, mon amoureuse, sans qui ce livre ne serait pas ce qu'il est, ainsi qu'à Nicole Monne pour son amitié, ses conseils et son soutien sans faille.

INTRODUCTION

Une autre perspective sur la vie

Ce livre est né d'un appel, je pourrais même dire d'une forme d'injonction, que j'ai ressenti lors d'une nuit d'orage. C'est de cette façon surprenante que l'idée d'écrire un ouvrage sur la parole d'Armelle Six s'est invitée dans ma vie. C'était tellement fort que j'ai envoyé plusieurs mails pour contacter Armelle durant cette même nuit. Avec sa réponse, le lendemain matin, tout est allé très vite. Nous nous sommes donné rendez-vous, j'ai commencé à l'enregistrer et ces rencontres se sont renouvelées durant presque un an.

J'ai été particulièrement touché par la richesse de son témoignage et de sa démarche. J'ai donc eu envie que ce livre ne se limite pas à une simple compilation de ses paroles mais qu'il puisse être utilisé comme un outil de travail intérieur. Je désirais que le lecteur ait la possibilité, à travers des chapitres thématiques, de pouvoir revenir facilement sur les notions et les termes qu'utilise Armelle ainsi que sur ses propositions.

Les propos d'Armelle qui sont présentés ici proviennent de transcriptions de conversations que nous avons eues. La forme orale a été préservée, dans la mesure du possible, afin de conserver la spontanéité du discours. L'ensemble a été revu par Armelle.

Je précise également qu'Armelle parle et s'adresse directement au lecteur dans tous les chapitres de ce livre exceptés ceux dont le titre mentionne un jour de la semaine et une heure dans lesquels je relate nos rencontres et m'exprime en mon nom.

Par ailleurs, le dernier texte qui s'intitule « Le double déni de soi » a été écrit par Armelle.

Robert Eymeri

Un vendredi, 14 heures 30...

Ses yeux sont incroyablement limpides, comme emplis de lumière, et en même temps d'un bleu intense, profond.

Elle me regarde.

Impossible de décrire cette sensation.

Dans ce regard, je ne sens pas d'intention, ni de jugement, ni de peur ou d'envie de plaire. Il n'y a rien de connu. Je suis tout à coup hors du temps.

Elle me sourit, m'embrasse joyeusement. Elle s'appelle Armelle Six. Nous nous sommes donné rendez-vous devant les tours majestueuses de Notre-Dame pour ce projet de livre. Elle porte une petite robe légère, rit déjà, d'une voix claire et cristalline.

Autour de nous, des cohortes de touristes en bermudas suivent de minuscules drapeaux, tenus à bout de bras par leurs guides. Il fait particulièrement chaud en ce mois de juin, à Paris.

Nous sommes entrés dans la cathédrale et nous nous sommes assis un moment dans la fraîcheur des pierres. C'est dans ce silence que notre collaboration a commencé. Certaines paroles qu'Armelle avait prononcées dans des conférences me sont revenues en mémoire : « Ma vie aujourd'hui n'est plus que pure dévotion à ce qui est, une ouverture constante à la voix de l'être… »

En sortant, nous avons retrouvé la chaleur et la cohue de la ville, nous avons longé la Seine puis nous nous sommes attablés à la terrasse ombragée d'un petit café.

Des conversations qui sont nées autour de cette table puis de celles issues des nombreuses rencontres qui ont suivi, ont surgi ces pages, c'est-à-dire une carte géographique de ce continent qu'est l'être humain, des chemins par lesquels il peut s'égarer, des pièges et des défis qu'il peut rencontrer mais également et surtout, de l'endroit où le trésor se trouve.

Avec la carte, Armelle nous offre aussi la boussole, c'est-à-dire la direction, en nous permettant de nous poser les bonnes questions.

Que demander de plus ?

Le paradis sur terre, c'est possible !

Quand toute notre attention est mise sur la présence que nous sommes, quand toute notre vie est l'expression de cette présence, le monde est alors le reflet de cette complétude et il n'y a plus jamais quoi que ce soit qui manque.

Tout est toujours exactement tel que cela doit être. Comprendre cela, c'est la fin de la souffrance. La pleine acceptation des choses telles qu'elles sont, l'absence de résistance à la vie telle qu'elle est, c'est cela, la paix, le paradis, le bonheur. Et le bonheur, c'est ce que nous sommes, ce n'est pas quelque chose que l'on acquiert.

En d'autres termes, on pourrait dire que c'est le fait de ne plus vouloir que les choses soient différentes de ce qu'elles sont. De ne même plus les imaginer différentes.

Tant que je veux changer quelque chose dans ma vie, avoir autre chose que ce que j'ai ou être quelqu'un d'autre, j'affirme que je ne suis pas complet et que ce qui me manque se trouve à l'extérieur de moi, dans un futur imaginaire. Je vais donc me mettre à le chercher. C'est la raison pour laquelle on veut constamment quelque chose de nouveau.

Mais dès que l'on acquiert l'objet de notre désir, même s'il nous procure un bref instant de plénitude, cette plénitude ne tient pas et très vite, on va vouloir autre chose. En fait, ce qui semble manquer ne sera trouvé dans aucune forme particulière. Ni dans le dernier téléphone portable, ni dans une alimentation spéciale, ni dans la voiture de nos rêves, ni dans la plus belle épouse, ni dans le plus beau mari, ni même dans les plus merveilleux enfants qui puissent être. Cette plénitude que l'on cherche, ne se trouve pas à l'extérieur mais juste là, en nous. C'est ce que nous sommes.

Ce n'est qu'en s'arrêtant de chercher, en s'asseyant, en se déposant profondément en nous-même, que l'on se rend compte que le bonheur est là, qu'il est déjà là. C'est aussi simple que cela.

Ce n'est pas une sensation particulière, ce n'est pas une acquisition particulière, ce n'est pas un compte en banque bien rempli, ce n'est pas une relation particulière, ce n'est pas une façon de vivre particulière, ça se situe avant tout cela.

Quand il n'y a plus rien que « ce qui est », c'est la plénitude et on est cette plénitude.

Choisir, à chaque instant, la reconnexion avec soi

Tout au long de ce livre, je vais constamment vous ramener à ce repos naturel, à ce silence que nous sommes. Ces pages n'ont pas d'autre but que celui-là.

Ce livre n'est donc pas un recueil de connaissances à acquérir mais bien une profonde et authentique invitation à vous déposer *ici* et à faire la découverte la plus importante qui soit, celle qui mettra fin à tous vos doutes, à toutes vos questions : le fait, qu'avant toutes choses, vous êtes !

Prenez alors un moment et arrêtez-vous.

Asseyez-vous.

Juste vous asseoir… Véritablement, complètement. Et prenez une grande respiration.

Oui ! Que c'est bon d'être ici.

Vous voilà déposé, dans votre chaise. Vous êtes tout simplement là, avec la sensation du dos sur le dossier, des fesses sur l'assise. Juste là.

Vous sentez probablement une détente qui se fait. En effet, ce repos est naturel. Il ne faut pas le produire, c'est ce que nous sommes.

Au-delà même de ce repos, vous pouvez sentir qu'il y a « quelque chose » qui est là. Quelque chose d'indéfinissable, qui ne se laisse pas enfermer dans un mot ou dans une compréhension mentale, qui n'a ni forme, ni contenant, ni limite, ni couleur. Ce « quelque chose », c'est vous, c'est votre véritable nature, votre être, le sentiment d'exister.

Quand vous vous arrêtez, tout se dépose donc de façon naturelle et vous pouvez alors vivre ce que vous vivez en conscience.

Et c'est en vivant de plus en plus souvent cette ouverture à l'être, cette reconnexion à l'être, que votre expérience, votre vécu, va se transformer.

Vous pouvez vous asseoir, comme on vient de le voir, vous pouvez aussi, par exemple, écouter sans chercher à entendre un son spécifique. Dans cette écoute très large, là aussi, quelque chose s'ouvre. C'est cette attention élargie, à laquelle je vous invite sans cesse, que j'appelle présence.

Dans cette écoute-là, on est alors en contact avec quelque chose de plus vaste. Cela, c'est la source que nous sommes.

La reconnexion, le fait de se reconnecter à sa véritable nature, à l'être, c'est reprendre conscience que je suis aussi bien la source que la forme. Je ne suis donc jamais isolé de quoi que ce soit. Car tout ce qui se passe est toujours interdépendant, et non pas indépendant, de ce que je suis.

Pourquoi je me déconnecte de moi-même ?

Ce n'est pas nous qui choisissons d'être déconnecté de nous-même, c'est la source, la vie, qui a mis ce programme en place. Chez tous les êtres humains, il y a différents processus d'identification et de conditionnement qui sont à l'œuvre à travers le jeu de la dualité. On ne peut pas l'éviter.

On va donc vivre ce qui semble être un oubli de notre véritable nature, une déconnexion de nous-même, parce que le fait d'oublier notre origine, d'oublier notre connexion avec la source, avec la conscience impersonnelle, est inséré dans le programme de la vie. On se prend alors pour un individu séparé qui serait au contrôle de sa vie.

Vivre l'expérience de la séparation n'est donc pas une erreur, elle fait partie de ce qui est destiné à être vécu par chaque être humain.

Ce qui créé cette expérience de déconnexion, ce sont justement tous nos conditionnements, toutes nos croyances, qui nous font croire que nous avons une identité propre et que nous sommes au contrôle de notre existence. Il n'en est rien. Il n'y a que la vie qui fait, qui pense, qui vit.

Tant que nous croyons que ce que nous sommes, ou notre bonheur, peut être trouvé à l'extérieur de nous, dans une forme ou une expérience particulière, il y aura donc expérience de déconnexion car l'attention va constamment aller là où nous croyons que se trouve le bonheur, la complétude ou l'amour que nous cherchons.

Mais de la même façon que la vie a mis ce programme de déconnexion en place, elle a également mis en place la déprogrammation de toutes ces croyances. Un jour, on va donc tomber sur certains livres, sur des vidéos, sur des témoignages d'êtres libres qui vont remettre en question nos croyances et vont nous amener de nouvelles perspectives sur nous-même. C'est, pourrait-on dire, l'invitation de la source à l'éveil à notre véritable nature.

La Source, c'est quoi ?

C'est la partie invisible de notre être, c'est le néant absolu duquel tout peut émerger. En fait, c'est totalement inexplicable.

On pourrait dire que c'est Dieu, que c'est la conscience, l'origine de toute chose. On pourrait même l'appeler : le moment présent.

Tous ces mots sont identiques, ils sont interchangeables et pourtant, il n'y en a aucun qui définit véritablement ce que c'est.

Je l'appelle souvent le terreau d'être. Ou le silence.

C'est une reconnaissance. On reconnaît simplement que la seule source de toute chose, c'est ce terreau d'être, ce silence. Et ce terreau d'être, c'est aussi nous-même. Mais ce n'est pas nous-même dans le sens où l'on pourrait se considérer comme une petite source isolée. Il n'y a pas plein de petites sources différentes, il n'y a qu'une source. Ce n'est pas non plus nous-même dans le sens où l'on pourrait dire : « Je suis Dieu » mais dans le sens où l'être se reconnaît comme une extension de Dieu, ce qui est très différent.

On pourrait aussi l'appeler l'amour mais on ne peut pas concevoir cet amour comme on le conçoit habituellement. On ne peut pas l'appréhender avec des définitions et des concepts humains parce que l'on va croire que cet amour est objectivable, qu'il peut être une sensation, un sentiment, une impression, une émotion, qu'il concerne quelque chose, ou quelqu'un, ou qu'il a un but. Or, ce n'est pas le cas.

Tant que l'on garde l'amour dans la dualité, on va le diviser et donc le vivre et le catégoriser en Bien et en Mal, en positif et en négatif. Et on va se demander pourquoi, si Dieu est un dieu aimant, il y a des guerres, des génocides ou des famines. L'amour véritable est inconcevable du point de vue de la séparation, de la division Bien-Mal. Il « est », tout simplement. C'est l'absence de toute haine, de toute résistance à la vie telle qu'elle est. C'est ce qui est à chaque instant. Et cet amour n'a pas d'objet.

Tous ces mots – Dieu, conscience, silence, amour, source – sont incompréhensibles pour la conscience humaine parce que nous sommes justement conditionnés à juger en bien et mal, à diviser en : « ceci devrait être ainsi et cela ne devrait pas exister ». Or, ce dont on parle se situe avant l'émergence de toute idée, avant l'émergence de tout jugement ou de toute notion de séparation. Au cœur du silence, là où aucune pensée n'est encore née, il y a déjà « être ».

C'est le terreau duquel tout émerge. Sans lui, il n'y a pas d'univers, pas de galaxie, il n'y a rien de tout ce que l'on se raconte par rapport à ce qui peut exister ou ne pas exister. Sans lui, il n'y a pas d'invisible, ni de visible, pas de dimensions parallèles, pas d'esprit, pas de pensées, pas de vie. Rien !

Par quoi commencer ?

Par s'arrêter.

Commencer par se déposer profondément dans sa chaise, sur un banc, dans l'herbe, où vous voulez. Puis, respirer.

Se déposer, là, dans l'être, pendant un moment. Se déposer vraiment. C'est la chose la plus importante.

Parce que de cette reconnexion-là, de ce repos-là, tout va changer.

On va pouvoir se mettre à l'écoute de soi. On va se rendre compte que l'on n'écoute pas, que l'on n'a pas envie d'entendre. On va pouvoir commencer à observer les pensées.

La première étape, c'est donc s'arrêter, s'asseoir, prendre un moment pour être simplement ici.

Il ne s'agit pas d'une méditation dans laquelle il y aurait quelque chose à atteindre, il s'agit simplement d'être là. Si des pensées arrivent, on les laisse passer, on revient constamment à la présence, à nos sensations corporelles, à celles de notre dos appuyé sur la chaise, par exemple, ou à une douceur qui est en nous. Cette douceur est perceptible uniquement quand on s'arrête. On y prête rarement attention car elle est très subtile mais elle est toujours là.

Donc, pendant un moment, tout s'arrête. Simplement cela.

On va alors de plus en plus sentir la différence qui existe entre le fait de vivre constamment dans la tension de nos pensées et ce moment où l'on s'arrête, où la douceur s'installe.

On va alors se rendre compte que l'on n'est jamais là, que l'on est le plus souvent absent à notre propre vie.

On va également prendre conscience qu'il n'y a pas de perte de quoi que ce soit pour être dans la présence. Rien n'est enlevé. Il n'y a rien à quitter.

On commence simplement à être enfin présent à soi-même.

Comment faire ?

Vous pouvez décider, par exemple, de vous lever le matin un quart d'heure plus tôt car ce que vous désirez le plus, c'est la connexion à la présence. Donc, vous vous donnez du temps pour la nourrir.

Vous vous asseyez un moment, seul, sur votre lit ou n'importe où. Et vous prenez un moment pour être là, juste là, pleinement assis, votre corps entièrement déposé. Et vous restez là, dans cette détente naturelle que vous êtes.

Si vous asseoir et prendre un moment, c'est trop compliqué, eh bien vous pouvez le faire en prenant votre douche. Au lieu de prendre votre douche en pensant à autre chose, vous devenez présent à toutes les sensations que vous avez, aux gouttes d'eau qui coulent sur votre visage, sur vos épaules. Vous prenez conscience des parties de votre corps que vous savonnez. Vous vous brossez les dents en sentant les poils sur vos gencives, sur vos dents, en sentant le goût du dentifrice.

Ensuite, vous goûtez véritablement votre café ou votre thé ou votre chocolat.

Vous pouvez ainsi vivre ce début de journée en accomplissant tout ce que vous avez à faire mais en le faisant dans une pleine présence.

Vous allez alors vous rendre compte qu'il est possible de ne pas vous quitter, que vous pouvez prendre la voiture, partir au travail et être toujours dans la présence. Et vous allez vivre les embouteillages d'une façon totalement nouvelle, sans stress.

Vous voyez alors que, dans cette présence, tout prend un autre goût, une autre saveur, un autre sens.

Le temps et l'intensité que vous accordez au fait d'être présent à vous-même viennent d'une seule et même question : « Quel est le but que vous donnez à votre vie ? Qu'est-ce que vous voulez vraiment ? »

Si votre désir profond est de mettre la présence au premier plan, eh bien vous allez constamment y revenir.

Il va bien sûr y avoir plein de moments où vous allez prendre conscience : « Ah oui, je n'étais pas là ! », et hop, dans ce moment-là, vous êtes là !

Chaque situation que vous vivez est alors l'occasion de voir si vous êtes connecté à vous-même ou pas.

Et dès que vous l'êtes, toutes les situations, toutes les relations deviennent alors une opportunité pour vous libérer de ce qui « pose problème » en allant voir les croyances et les conditionnements qui sont à l'origine de cette problématique, de cette souffrance.

En donnant la priorité absolue à cette connexion, c'est-à-dire en mettant constamment votre attention sur la présence, tout va vous ramener à elle.

Pour vous aider, vous pouvez également prendre conscience de la présence de votre corps ou d'une partie de votre corps, comme la sensation de vos mains, par exemple, ou de la respiration.

Vous pouvez également utiliser une écoute élargie ou une vision élargie. Quand vous regardez avec une vision élargie, quand vous ne cherchez pas à voir quelque chose en particulier, cela s'ouvre et subitement, vous êtes là. Vraiment là. Juste là.

Et votre vie devient plus harmonieuse car c'est de cet espace que vient la fluidité, la créativité, l'inspiration.

Qui suis-je sans mon histoire ?

Qui suis-je sans ma souffrance, sans mes problèmes ?

Lorsque nous ne sommes pas connectés à nous-même, nous ne sommes ni en lien avec la source que l'on est, ni avec l'être humain que l'on est. Nous ne sommes pas là, au sens littéral du terme, nous sommes seulement dans l'histoire que l'on se raconte. On vit dans le monde de nos pensées, de nos croyances, dans un monde mental, mais pas dans ce qui se passe. On n'est jamais dans l'objectivité ou dans les faits, on est dans l'histoire qui se raconte à propos de la situation.

Et quand on rencontre quelqu'un, en réalité, on ne le rencontre jamais, on rencontre une histoire, on rencontre nos projections, notre passé, nos conditionnements. Quand notre histoire personnelle n'est pas « nettoyée », elle est toujours active et elle nous empêche de voir l'autre comme une page blanche.

On aime raconter nos histoires, nos drames, parce que par-dessus tout, on adore se plaindre, se sentir victime, comme si la souffrance nous réunissait et nous faisait exister.

Mais il faut savoir ceci : tout ce sur quoi je mets mon attention, c'est ce que je vais renforcer ! La vie fonctionne ainsi. Tout ce en quoi je crois, je vais en faire l'expérience.

Donc, plus je parle de drames, plus je regarde des drames, plus je vais y croire et plus mon expérience va m'apparaître remplie de drames et de souffrance.

Il est donc important de s'observer, de voir comment on fonctionne et surtout, de comprendre sur quoi on met en permanence notre attention. Je vais voir, par exemple, que je parle constamment de ce qui se passe mal dans ma vie ou sur la planète plutôt que de parler de tout ce qui se passe merveilleusement bien. Observant ce fonctionnement, je vais pouvoir constater que plus je reste dans ces idées négatives, plus j'y suis sensible et plus elles se multiplient.

On pourrait alors se poser la question : Lorsque je ne me considère plus comme une victime, lorsque je ne me nourris plus de toutes ces histoires que je me raconte, de tous ces drames, de tout ce négatif, est-ce que pour autant je n'existe plus ?

Un jeudi, 13 heures...

Nous buvons un café, assis autour d'une table, sur une terrasse qui surplombe la vallée. Des châtaigniers, des chênes, des marronniers, toutes sortes d'arbres gigantesques s'enchevêtrent à perte de vue.

En face de nous, des montagnes et des pâturages pour les vaches. Quelques rares maisons.

Nous sommes en silence. Je suis collé à moi-même, à cette paix qui est là. Dans la présence d'Armelle, tout paraît si simple.

Quelques abeilles bourdonnent dans la chaleur. Armelle me dit tout à coup : « C'est cela ! Il n'y a rien d'autre ! Rien d'autre à chercher ou à atteindre. »

Oui, c'est si simple.

J'ai envie de rire. Depuis quelque temps, je vois à quel point j'ai complexifié les choses ; à quel point, je les ai rendues mystérieuses, pour ne pas accepter le fait qu'à chaque instant, tout peut se jouer, tout se joue.

À chaque instant, je peux faire le choix de la conscience. Tout est là, oui, tout le temps. Il n'y a rien d'autre à chercher effectivement mais le chercheur en moi aurait voulu continuer à chercher éternellement.

En cet instant, pourtant, il capitule. À un moment donné, il faut bien s'arrêter de jouer avec soi-même. Rien n'a changé et en même temps, tout est différent. Je ressens profondément ce que signifie le terme « être responsable ». C'est cela que j'ai refusé depuis des années.

Voir cela, vivre le réajustement que ce constat entraîne, constitue à la fois un non-événement et un raz de marée.

Oui, c'est cela et c'est si simple.

Armelle parle avec Julie, mon épouse. Le café que je bois a une saveur inégalée. Un oiseau a crié en traversant le ciel.

Qu'est-ce que je veux vraiment ?

Beaucoup de gens disent vouloir la liberté mais ils n'arrivent pas à la vivre. Tout simplement parce qu'ils ne la veulent pas réellement.

Il faut prendre le temps de s'arrêter sur ce point. Si je ne vis pas cette liberté, c'est parce qu'il y a quelque chose en moi qui ne la veut pas et qui désire autre chose.

Est-ce que je veux donc suivre tous les désirs qui me viennent dans la vie ou est-ce que je veux simplement me reconnaître dans ma vraie nature ?

Est-ce que c'est la liberté inconditionnelle que je cherche ou est-ce qu'il y a autre chose de plus important que je désire comme, par exemple, avoir de l'attention, réussir ma vie, avoir encore le choix de la direction dans laquelle je veux aller ? Est-ce que je suis prêt à un abandon total à la vie, à chaque instant, et que ma joie réside là, ou est-ce que je veux autre chose ?

C'est la question la plus essentielle que vous puissiez vous poser parce qu'elle va vous permettre de voir si vous vous mentez.

Cette authenticité avec soi-même est absolument indispensable pour regarder la subtilité de tous les mensonges que l'on se raconte.

À un moment donné, il faut avoir le courage de se dire « Ok, maintenant, j'arrête de jouer ».

Parce qu'au plus profond de notre être, on veut la liberté, le bonheur. On a tous le même appel mais on se coupe de cet appel en voulant plein d'autres choses. Ces autres choses peuvent être de plus en plus subtiles, elles n'en captent pas moins notre attention. Mais au fond de notre être, on sait toujours quand on se raconte une histoire. Parce qu'il y a un feu à l'intérieur qui dit : « Je n'en peux plus de tous ces mensonges ! » Et c'est là qu'il faut avoir le courage de regarder parce que là, c'est la clé.

Aussi, pour faire confiance à ce qui vibre en nous, à ce qui nous appelle, il faut pouvoir s'écouter. Cela nous impose des moments de silence, cela nous impose la prière, la contemplation, cela nous impose de nous arrêter ! On n'a pas le choix, cela ne passe pas par autre chose.

Cela nous impose aussi, à un moment donné, de décider ce que l'on veut vraiment. Quelle est la valeur de ma vie pour moi ?

C'est à partir de là qu'une décision va être prise. Est-ce que je veux continuer à vivre la vie que la société m'impose et ensuite, me faire victime de mes choix ? Ou est-ce que je veux vivre la vie que je sens au plus profond de mon être ?

Les cartes sont entre mes mains.

Être à l'écoute de soi

L'écoute de soi est la chose la plus importante, la plus essentielle, qui puisse être.

Je parle d'une écoute intérieure profonde, non pas de l'écoute de mes désirs, de ce que je veux ou de ce que j'ai envie de faire.

Il ne s'agit pas d'écouter sa personnalité ou son petit moi, il s'agit de se mettre dans un espace de réel silence et d'écouter ses profondeurs, d'écouter cette voix intérieure qui est là et qui nous parle constamment. Peu importe comment vous l'appelez : la voix de votre être, de l'Esprit, de votre maître intérieur ou celle de Dieu… L'important, c'est de se mettre à son écoute et de suivre ce que vous sentez et entendez. Ce n'est pas une activité de votre vie qui doit être secondaire, c'est véritablement une priorité.

L'écoute de soi, c'est la connexion à l'être que l'on est. Cela signifie que pour pouvoir écouter, je dois me mettre dans le silence, dans le « je ne sais pas », dans le vide.

Plus qu'un faire, c'est donc un abandon. C'est le fait de me donner, de m'en remettre totalement à quelque chose de plus grand que moi.

C'est être ouvert aussi à la possibilité que ce que je vais entendre n'aille dans aucune des directions que j'avais imaginées ou désirées.

On vit déjà une écoute et un contact avec notre être mais en général, on ne le « conscientise » pas. Parfois, on va simplement dire que l'on a eu une intuition ou une inspiration.

Les artistes, par exemple, savent très bien se laisser guider au niveau de leur création mais ils le font moins naturellement quand il s'agit de la vie quotidienne. Pourtant, c'est la même chose. L'ouverture dans laquelle on se met pour recevoir la musique, les mots, la sculpture ou la peinture, est la même ouverture par laquelle on est guidé dans notre vie quotidienne.

Parce que, réellement, à chaque instant, notre être – ou la vie, ou Dieu, selon comment vous l'appelez – nous parle et nous dit que faire. Et suivre ce qu'il nous dit, nous évite bien des problèmes, bien des souffrances.

Si l'on regarde dans notre vécu, on peut trouver plusieurs exemples dans lesquels on a senti une direction à prendre et cette direction a été tout à fait juste et appropriée pour nous. Ou alors, on a écouté une intuition et cela nous a été bénéfique. Et quand je dis que cela a été « approprié pour nous » ou « bénéfique », je ne veux pas dire que le résultat nous a systématiquement amené du plaisir, c'était « approprié pour nous » et « bénéfique » dans le sens de ce qui devait être vu ou lâché.

On peut donc voir que l'on s'est déjà écouté mais on n'en a pas pris conscience à ce moment-là. On ne l'a pas inscrit comme une expérience à répéter ; ou on n'a pas mis le doigt sur le fait que « Tiens, j'ai écouté autre chose que mes habitudes et cela a été bon pour moi ». On croit que cela a été un coup de chance ou de hasard.

En fait, toutes ces intuitions, toutes ces petites directions intérieures que l'on perçoit, sont là en permanence. La vie nous guide autant dans les décisions importantes à prendre que dans les petits choix du quotidien. On peut être ainsi guidé pour faire ses courses au meilleur moment de la journée, pour savoir ce que l'on doit acheter, ce que l'on doit cuisiner, etc.

Quand notre mental n'est pas pollué par les problèmes imaginaires que l'on se crée en permanence, nous sommes naturellement dans cette ouverture à entendre ce qui est en nous. Et cela à chaque instant, pas seulement pour les grandes décisions.

Être à l'écoute de soi, conseils pratiques

S'écouter ne signifie pas forcément que l'on va entendre une voix. Cela peut se présenter sous la forme d'une image ou d'une sensation corporelle. Notre corps, sur ce point, est un excellent système de guidance.

Face à une option ou à une proposition qui se présente, si je sens, par exemple, mon corps s'ouvrir, vibrer, qu'un état de douceur intérieure se manifeste, que j'ai de la joie, je comprends que cette option ou cette proposition est bonne, que je peux y aller. À l'inverse, si je sens une fermeture, une pression, je comprends que cette proposition ne me convient pas.

De même, si je dis oui à une soirée à laquelle je n'ai pas vraiment envie d'aller et qu'au moment de partir, je me mets à avoir subitement mal au ventre ou à la tête, à me sentir fatigué, mon corps souligne certainement la contradiction dans laquelle je suis. Pourquoi alors vouloir aller à contre-courant de ce que l'on sent ? La vie peut être tellement fluide, simple et légère quand on se met à aller dans le même sens qu'elle.

Mon corps peut aussi me guider lorsqu'une nouvelle direction se présente sur un plan professionnel ou affectif. Si en évoquant cette direction, tout mon corps se détend, s'apaise, cela signifie que la direction est bonne. Et si, en imaginant au contraire que je ne vais pas dans cette direction et que je ne change rien à ma vie, je sens mon corps se contracter, j'ai la confirmation de ce que je dois faire.

Parfois, on peut également se sentir appelé à faire quelque chose et avoir en même temps une « trouille bleue ». Néanmoins, au plus profond de notre être, on sait que c'est la bonne direction parce qu'il y a, à ce moment-là, une forme de certitude en nous et une joie en arrière-plan.

Cette guidance peut aussi se présenter à travers une pensée mais cette pensée est alors d'une grande clarté, on la ressent comme une évidence.

Généralement, après une telle pensée éclairante, surgit très vite une réflexion d'une autre nature qui va venir juger cette première pensée et nous faire douter : « Oui, c'est possible ; non, ce n'est pas possible ; mais je n'ai pas d'argent ; mais je ne peux pas faire ça ; j'ai des enfants ; je suis marié ; ça n'a aucun sens ; etc. »

Mais la qualité de pensée entre ces deux productions mentales n'est pas du tout la même : la première est une pensée claire dans laquelle s'énonce une évidence tandis que la seconde procède par une argumentation.

La guidance intérieure peut parfois découler d'un raisonnement ou d'une argumentation mais pas d'une histoire que l'on se raconte. Elle ne vient pas de cette dernière façon. Bien qu'elle puisse parfois être le résultat d'un processus logique, elle n'a pas spécialement de logique ou de justification possible.

Ce qui s'énonce n'est pas non plus basé sur une expérience passée, ce n'est pas réfléchi, c'est une formulation instantanée, directe, qui peut être totalement neuve pour nous mais qui est de l'ordre de la clarté. On peut donc être amené à sortir de notre façon d'agir habituelle mais ce n'est pas pour atteindre quelque chose ou pour parvenir à un but. C'est une invitation à oser la vie, à quitter nos conditionnements, à sortir de notre zone de confort. Et c'est pour cela que bien souvent, on peut sentir en même temps un pétillement intérieur.

Ce peut être aussi un sentiment, une sensation qui « tourne » en nous depuis un certain temps et qui vient nous dire, d'une façon subtile, que quelque chose est en train de changer ou doit se transformer.

Je dois alors être ouvert à ce que la direction me soit montrée. Et pour que la direction me soit montrée, je dois me tenir dans cette ouverture à « ne pas savoir », je dois être dans un abandon complet. C'est cela, l'écoute de soi.

Et dans cette écoute, je laisse de côté les désirs personnels pour que les choses aillent dans une direction plutôt que dans une autre. Je ne cherche plus à défendre mon idée du bonheur. La croyance qu'il pourrait se trouver dans une forme particulière qui doit me convenir n'est plus là. De cette façon, je peux vraiment entendre.

Tant que je défends mon système de croyances et que je me définis d'une façon ou d'une autre, je vais vouloir aller dans une certaine direction. Mais en me plaçant là, je ne peux pas écouter pleinement et par conséquent, je ne suis plus dans l'écoute de soi.

Pourquoi on ne s'écoute pas ?

Si je dis que je n'arrive pas à être à l'écoute de l'être, c'est bien souvent parce que je ne le veux pas réellement. Ce n'est pas vrai que l'on n'entend pas, on ne veut pas écouter, c'est différent !

Parce que l'on ne veut pas suivre notre voix intérieure. On préfère se raconter l'histoire : « je n'entends pas », « je n'arrive pas à sentir ». On préfère se sentir victime.

Parce que si l'on s'avoue que l'on entend, on va devoir faire face à tout ce que cela implique : affronter, par exemple, la peur d'avoir à suivre ce que l'on vient d'entendre, affronter la culpabilité de ne pas le suivre.

On a tous des souvenirs d'un moment où l'on a entendu ou senti : « Ne sors pas avec ce gars-là, ne sors pas avec cette fille-là. ». Et puis, très vite une argumentation arrivait : « Oui mais quand même… »

Ou alors, on entend : « Va te promener, fais une pause, prends un café… » Et puis, on se dit : « Ah non, je ne vais pas m'arrêter de travailler maintenant, il faut que je termine ce projet. »

On entend : « Appelle untel… » et on se dit qu'on l'appellera plus tard.

On est confronté en permanence à cette intuition intérieure mais on argumente constamment.

À un moment donné, il faut juste reconnaître : « Ok, j'ai pas envie d'entendre ».

C'est donc cette part de moi qui n'a pas envie d'entendre qu'il faut regarder. De quoi a-t-on peur ? Bien souvent cela nous montre ce à quoi nous sommes attachés.

On peut alors s'asseoir et se proposer : « Ok, qu'est-ce qui ne veut pas entendre en moi ? C'est quoi le risque si j'entends ? Montre-moi. »

On a tous cette capacité à se mettre en prière et à entendre. Encore une fois, si l'on veut entendre, on va entendre.

La question est de nouveau : Qu'est-ce que je veux véritablement ? Est-ce que je veux réellement suivre la voix de l'être que je suis ? Est-ce que je veux le bonheur sans condition ?

Il y a également une autre raison pour laquelle on ne veut pas entendre, c'est que l'on a toutes sortes de désirs : on veut être aimé, être quelqu'un, être reconnu, on veut acquérir tel objet, etc. Et comme on croit que toutes ces choses-là peuvent nous rendre heureux, on préfère suivre nos croyances plutôt que ce que l'on entend. On est persuadé qu'en suivant nos croyances, on obtiendra un bien meilleur résultat qu'en laissant la vie faire. Et on se retrouve à n'être ni dans la vie, ni dans ce monde, ni dans la reconnaissance de ce que l'on est. On marchande constamment avec soi-même.

À une époque de ma vie, j'avais envie de faire certaines choses mais je sentais que ce n'était pas guidé et j'y ai renoncé. Je me disais : « Tiens, j'irais bien par là » mais à l'intérieur, ça faisait : « Non, non, non ! » C'était comme de vieilles habitudes qui ne voulaient pas partir.

J'ai alors senti que je devais être sans compromis, que je devais être authentique, totalement authentique avec moi-même, et assumer les conséquences que cela pouvait impliquer.

Ainsi, quand on est sans compromis par rapport à notre but dans la vie, quand ce but unique est la reconnaissance de ce que l'on est, on peut voir que cette écoute, que cette guidance intérieure, est absolument claire et constante.

Tous nos problèmes viennent simplement du fait que l'on ne s'écoute pas et qu'ainsi, on se coupe constamment du flux de la vie.

On n'a pas été éduqué à vivre de cette façon. Dès notre plus jeune âge, on nous a appris à écouter nos parents puis à obéir à nos professeurs. Constamment, notre autorité a été mise à l'extérieur de nous et peu à peu, on s'est coupé de notre autorité intérieure. On a été éduqué à emmagasiner des connaissances, ce qui est différent. Mais dans l'écoute de soi, il n'y a pas de connaissance à avoir, il n'y a rien à comprendre non plus. Il s'agit simplement d'aller avec la vie.

La présence

Je vous invite à vous poser, à vous déposer, à vous arrêter. À vous arrêter vraiment.

Parce que l'on ne peut pas voir ce que l'on est, on ne peut pas le sentir et le vivre, sans s'arrêter pour en prendre conscience.

C'est là tout le temps mais tant que l'on court, on ne le vit pas. On vit l'absence de « cela », c'est-à-dire l'absence de nous-même.

Quand on se pose, quand on s'arrête un instant, il y a « quelque chose » qui est là et que l'on peut sentir. Ce « quelque chose », je l'appelle « présence » bien que ce ne soit pas évident de mettre un mot dessus.

J'ai les yeux fermés. En cet instant, je ne vois pas le monde, il « n'existe » pas, et pourtant la présence est là. Si l'on prend l'habitude de mettre notre attention là, d'être là, de rester là et de revenir là, c'est cette présence qui va venir au premier plan de notre vie.

La présence, cet espace, est là tout le temps et c'est le repos, c'est ce que nous sommes. Quand on revient là, on voit que tout lâche, que tout se dépose, que tout se repose naturellement.

On ne doit pas essayer de « faire » le repos, le repos est l'expression naturelle de la présence. On se retire simplement de l'avant-scène, de l'activité, pour se déposer et être juste là, au repos. On est alors ce repos naturel, on est ce « sans effort ». Et à partir de cet espace-là, la vie n'est plus que le reflet de ce « sans effort ».

On va alors constater que la résolution de tous nos conflits, de tous les problèmes que l'on imaginait avoir, se trouve là ; que le bonheur se trouve là et que le monde n'est qu'une invitation à revenir là.

Notre façon de vivre devient aussi beaucoup plus intuitive car l'intuition vient de cet espace.

Si l'on ne vit pas ce registre du « sans effort », c'est parce que l'on est constamment « en avant », sur les starting-blocks, en train de chercher à réussir notre vie. Parce que l'on croit que c'est cela le bonheur.

Être dans la présence est inévitable parce que l'on n'a rien à faire pour y être. C'est ce que l'on est.

Moins on fait, plus on se repose, et plus la présence est une évidence. À l'inverse, plus on fait, plus on cherche à atteindre quelque chose, plus on court, et plus on s'en « éloigne ».

À chaque instant, j'ai le choix !

Nous ne sommes pas le producteur de notre pensée bien que nous en soyons persuadés. D'ailleurs, on ne peut pas prévoir quelle pensée on va avoir dans trente secondes ou dans une heure.

Je suis pensé, je ne suis pas celui qui pense. Je ne suis pas le penseur de mes pensées. Je suis simplement l'espace dans lequel émergent les pensées et ces pensées naissent de la vibration dans laquelle je me trouve, de mes gênes et de mes conditionnements ainsi que des circonstances dans lesquelles je me trouve.

Ce que je peux dire, alors, c'est qu'en fonction de ce que je nourris, c'est-à-dire en fonction de là où je mets mon attention, je vais attirer des pensées qui répondent à la même fréquence vibratoire. Et si j'accorde du crédit à ces pensées, si je leur donne de l'importance, si je les crois, je vais attirer d'autres pensées du même type. Je vais ainsi me raconter toute une histoire à propos de ma vie et des autres, je vais littéralement construire mon monde, mais toute cette construction n'est pas réelle, elle résulte uniquement des vibrations dans lesquelles je me trouve.

Si j'ai des pensées négatives, si je me dis, par exemple, que je ne suis pas à la hauteur, je vais attirer toutes sortes de situations qui vont venir me le prouver. Et tant que je vais rester avec ce genre de pensée, tant que je vais les croire, je vais perpétuer ce type de vibrations et être de plus en plus perdu.

Face à ces pensées négatives, j'ai alors le choix :

– soit je les crois, je leur donne alors de l'attention et du pouvoir, et cette situation de souffrance va continuer.

– soit je me reconnecte à moi-même, à l'être, et mon attention n'est plus mise sur ces pensées négatives. Elles sont alors vues comme de simples pensées et de ce fait, je ne perpétue plus ces croyances et l'histoire qui se raconte.

Lorsque je suis connecté à moi-même, quand la pensée vient, elle est vue comme telle – c'est une pensée tout simplement – et je peux dire : je ne suis pas cela. Je peux alors rester un moment en silence, dans la présence, et la pensée passe.

Lorsqu'une situation se présente, une réaction émotionnelle, comme de la colère, de la jalousie, de la susceptibilité, etc., peut également survenir, parfois même avant que la pensée n'arrive ou ne soit vue. Là aussi, je me retrouve face au même choix :

– soit je m'approprie cette émotion d'une façon personnelle en pensant que cela me définit, en croyant toute l'histoire que je me raconte, comme par exemple : « J'aurais dû faire ceci… C'est à cause de cela… C'est parce que je suis comme ça… etc. » ;

– soit j'accueille cette émotion sans chercher à me raconter quoi que ce soit.

Je reste alors simplement avec l'émotion et je laisse cette énergie se vivre telle qu'elle se présente. Je lui donne l'espace, la pleine autorisation à être là, à faire son chemin, à prendre l'ampleur qu'elle veut, et comme je ne nourris aucune histoire à son sujet, à un moment, pouf, ça lâche. Mais il n'y a même pas à chercher ou à vouloir que ça lâche, on ne s'occupe pas de cet aspect.

Laisser cette émotion « être », ne pas la refouler, permet aussi d'entrer en contact avec les croyances qui la soutiennent. C'est important. C'est cela qui amène la conscience sur tout ce qui est inconscient, sur ce qui agit en nous de façon insidieuse.

Nous ne sommes pas figés. Ce en quoi j'ai cru jusqu'à présent peut tout à coup être lâché parce que la vie m'offre une nouvelle perspective, plus juste ou plus en phase avec qui je suis. J'ai alors la possibilité qu'une nouvelle direction se prenne et que les vieilles habitudes réactionnelles cessent.

À chaque instant, j'ai donc le choix de suivre mes histoires, de me laisser submerger par mes émotions, de croire tout ce que je me raconte – que je ne vaux rien, que je ne m'en sortirai jamais – ou d'arrêter de suivre mes pensées, de ne plus subir mes émotions en me posant et en me reconnectant avec moi-même.

À chaque instant, j'ai ce choix. Je peux arrêter de croire à mes histoires, arrêter de me construire un personnage qui n'existe qu'à ce moment-là, dans cette situation-là.

Le choix que je fais me ramène donc de nouveau au but que je donne à ma vie. Qu'est-ce que je veux ? Liberté ou emprisonnement ? Grandeur ou petitesse ? Amour et confiance ou peur ? C'est aussi simple que cela.

Un samedi, 8 heures…

Malgré l'heure matinale, le chant des cigales est déjà assourdissant.

On prend un petit-déjeuner, sur la terrasse d'une maison, dans le sud de la France, à l'ombre des parasols.

Ce sont les derniers instants de fraîcheur avant l'arrivée écrasante de la chaleur.

Sur la table, du thé, des confitures, des tranches de pain grillé, du café…

La phrase qu'Armelle vient de prononcer résonne encore dans ma tête : « Je ne suis pas ta fille. Je ne suis pas ta mère. Je ne suis pas une femme. Je ne suis pas un maître spirituel. »

Il y a comme un blanc qui s'est produit en moi, comme un arrêt. Mon mental ne comprend pas, voudrait même se rebeller mais je laisse cette parole faire son chemin.

Le sens n'est pas là où je le cherche, il n'est pas sur un plan personnel, il est plus global, plus essentiel.

En quelques mots, elle vient de refuser d'entrer dans tous les types de relation que je connais. Je ne peux plus instaurer de rapport d'admiration, d'affection, d'attachement, de séduction, de dépendance, de soumission, de protection ou de quoi que ce soit. Sans de tels rapports, il ne reste plus que la relation elle-même. L'invitation est là. Il ne tient qu'à moi de la saisir.

Au cœur du silence qui s'instaure, une liberté absolue se fait jour. Rien ne se joue à l'extérieur. Tout se joue là, à l'intérieur, en cet instant.

Celui qui, en moi, veut occuper un rôle n'a plus de rôle à jouer car tous les rôles viennent de tomber en même temps.

C'est ce rapport d'adhésion à la situation qui est au cœur de l'enjeu qui se passe. Comme si Armelle me démontrait qu'en restant libre, on rendait simultanément à l'autre sa liberté.

Je goûte ce moment comme on pourrait goûter un grand vin.

Le silence est partout, bien que chacun d'entre nous continue à parler, par intermittence.

Le corps comme moyen de reconnaissance de soi

On nous a souvent fait croire que le corps était impur, qu'il était coupable, qu'il constituait par lui-même un péché. Mais le corps est complètement innocent, il n'est que l'instrument utilisé par la vie pour faire l'expérience de ce monde de dualité. Il est aussi un guide magnifique quand on se met à son écoute.

Mais tant qu'il existe en nous des sentiments de culpabilité, de honte, de blâme, le corps va les refléter parce qu'il n'est pas séparé de l'esprit.

Dès que les croyances sont lâchées, le corps est le reflet de cela aussi, c'est-à-dire de cette pureté, de cette perfection, de cette innocence, de cette légèreté.

Le corps, comme le désir, peut constituer une porte ouverte vers ce que nous sommes.

La question centrale que je dois constamment me poser, c'est : « Où est-ce que je mets mon attention ? »

Est-ce que je suis pris dans mes pensées, dans des jugements, dans des émotions positives ou négatives, dans les histoires que je me raconte ? Si c'est le cas, revenir à la sensation corporelle peut alors être d'une grande aide.

Dans ces moments-là, je peux commencer par exemple à prendre conscience de mes mains.

Quand je porte mon attention sur mes mains, je peux sentir qu'il y a une sorte de pétillement, ou de la chaleur. Ce pétillement, cette énergie qui est présente en permanence en moi et avec laquelle je me mets en contact en prenant la sensation de mes mains, c'est la vie ! C'est la vie qui coule en moi. Il n'y a personne qui fait quoi que ce soit, c'est juste une vibration qui est là et avec laquelle je peux me connecter. Je peux sentir que cette énergie est également présente dans mes bras, comme dans mes épaules, comme dans toutes les parties de mon corps. C'est merveilleux de passer du temps à être simplement dans cette énergie de vie, à la sentir circuler dans toutes les parties de notre corps, à devenir de plus en plus conscient de sa présence.

Plus on va se connecter à ce pétillement, à cette énergie, plus on va revenir à la conscience du corps, et plus on va se reconnecter avec la présence, avec la vie que l'on est.

Je peux également constater que cette énergie n'est pas visible, elle est invisible ! Néanmoins, je peux la sentir, je peux sentir qu'il y a quelque chose qui m'anime et auquel je n'ai peut-être jamais prêté attention. Parce que je suis toujours dans le faire, dans l'action, dans mes pensées, et le fait de revenir à cette sensation, à ce pétillement intérieur, me ramène tout de suite dans la présence, dans l'être.

Plus je vais mettre mon attention là-dessus, et plus cette expérience va devenir importante pour moi, prioritaire même. Et me trouvant de plus en plus dans la présence, une nouvelle qualité de vie, de partage, de nourriture, une nouvelle qualité de travail, va alors se présenter.

Faire cette expérience est magnifique parce que l'on voit comment le corps nous permet d'entrer en contact avec la présence, avec l'être, avec la vie que l'on est.

Et dans cette reconnaissance, on peut même aller plus loin encore et faire l'expérience directe du corps.

Dans l'expérience directe du corps, ce que l'on vit, c'est l'absence du corps ou plus exactement, l'impossibilité de toute représentation du corps. Parce que sans les concepts mentaux et l'imagerie mentale qui va avec, le corps n'existe pas comme on l'imagine.

Si l'on reprend l'exemple de la main, on voit qu'en posant notre attention sur cette partie du corps, on se met en contact avec un pétillement, une énergie. Si l'on ferme les yeux à ce moment-là, si l'on oublie à quoi correspond le mot « main », si on laisse même tomber l'image de la main, tout ce qui reste, c'est une sensation. Et là, on ne peut pas dire que l'on a une main, que l'on est une main ou qu'il y a un corps qui a une main. On ne peut pas dire que cette « main » est séparée de quoi que ce soit. On *voit* alors (non pas avec les yeux), on *vit*, on *sent*, la réalité de ce que nous sommes. On n'a plus l'impression d'être un corps avec des limites, avec des pensées, avec un âge. Là, vouloir réussir sa vie ou être une personne comme ceci ou comme cela n'existe pas. Tout ce qui existe dans l'instant, quand on est juste en contact avec cette sensation de pétillements, avec cette énergie de vie, c'est le sentiment d'être. Il n'existe plus que l'existence elle-même.

On peut constater ensuite, en ouvrant les yeux, que cette réalité n'est pas partie même quand le monde réapparaît. Là, on réalise que la conscience et la matière sont une danse parce qu'elles ne sont jamais séparées. Jamais !

Vivre réellement cette expérience est important pour que cela ne reste pas qu'une suite de mots. Sinon, on va très vite en faire une croyance de plus.

Chaque jour, vous pouvez prendre un moment pour être simplement en présence. Et vous allez voir que quoi que vous fassiez, que ce soit en cuisinant, en passant l'aspirateur, en marchant dans la rue ou même lisant vos mails, vous pouvez mettre votre attention sur ce pétillement, sur la vibration de vos mains, sur la sensation d'une partie de votre corps ou de sa globalité.

Si vous le faites régulièrement, vous allez de plus en plus sentir cette vie qui vibre en vous. Votre vie va alors s'orienter naturellement vers la présence et elle va tout doucement se mettre à changer. Vous allez vous sentir de plus en plus calme, de plus en plus serein, posé, présent à vous-même, et vous allez avoir envie de revenir de plus en plus à cette paix. Cela deviendra très naturel.

Il y aura bien sûr de nombreux moments où vous aurez l'impression de quitter la présence, pris par toutes sortes de pensées ou d'émotions mais ce n'est pas grave, car au moment où vous vous rendez compte que vous vous êtes quitté, vous êtes déjà revenu.

Comment changer les conditionnements ?

Pour prendre conscience de nos croyances, il faut commencer par se donner des temps d'arrêt. On s'invite ainsi à des moments dans lesquels on va s'observer.

Et au lieu de croire que l'on se connaît, que l'on sait qui l'on est, on va au contraire chercher à voir comment on fonctionne, comment on se définit soi-même, comment on se présente face aux autres. Toutes sortes de limites et d'images que l'on s'attribue vont alors apparaître.

On va voir que l'on s'identifie très vite à certains rôles. Une femme peut s'identifier à une mère, par exemple. Mais la mère comme la femme n'existent pas en soi. Vous êtes l'illimité qui, à certains moments de la journée, joue le rôle d'une mère ou celui d'une femme. C'est différent.

À partir de là, l'important est de comprendre comment vous voyez ce rôle. Que signifie pour vous le fait d'être une mère ? Qu'est-ce que cela implique ? Écrivez tout ce qui vous vient à l'esprit sur un bout de papier et vous allez voir ainsi toutes les croyances et toutes les limitations que vous avez rattachées à ce mot.

Si vous croyez que le fait d'être mère implique que vous ne soyez pas libre, eh bien vous allez vivre l'expérience que ce rôle de mère est effectivement emprisonnant et que les enfants sont des blocages à votre liberté et à votre épanouissement personnel. Mais les blocages sont toujours dans notre esprit, ils ne sont jamais à l'extérieur. Ils sont le fait de nos croyances, jamais de la situation elle-même.

Beaucoup de femmes sont tellement identifiées au rôle de mère – et la société les a fortement conditionnées dans ce sens – qu'elles sont prêtes à tout sacrifier pour leurs enfants. Se sacrifier ne sert à rien, s'oublier ne sert à rien. Comprenez qu'avant d'être une mère, vous êtes une femme ; et avant d'être une femme, vous êtes un être humain. Et encore avant cela, vous « êtes ». En étant ce que vous êtes, vous faites le plus grand cadeau qui soit à l'univers entier.

En écrivant donc tout ce qui vous vient à l'esprit sur ce mot « mère », vous allez voir qu'au-delà des contraintes qui sont liées à ce rôle – telles que l'exercice de l'autorité, n'avoir pas assez de temps pour soi, répondre constamment aux demandes de l'enfant, etc. – il y a aussi le fait de donner tout son amour, d'être à l'écoute, d'être présence, d'être bienveillance…

Vous allez voir ainsi toutes les facettes de ce mot et ce qui, dans votre système de croyance, fait que vous vous sentez emprisonnée.

Et vous pouvez faire cette expérience pour tous les rôles pour lesquels vous pensez avoir des limitations. Que signifie pour vous le fait d'être un employé ? D'être une épouse ? D'être une sœur ou un frère ? D'être une amie ou un ami ? En écrivant sur une feuille de papier toutes les associations que ces rôles vous inspirent, vous verrez vos croyances et tout ce qui, dans vos conditionnements, fait que vous vous sentez emprisonné.

Au-delà de cette façon d'explorer les rôles que l'on prend, l'observation de soi dans les situations que l'on vit et dans nos relations, est fondamentale pour débusquer nos conditionnements. Ainsi, plus vous prenez conscience de vos croyances et de la façon dont vous vous définissez, plus vous observez vos réactions, vos actions, vos pensées, et plus vous allez voir que ces croyances, peu à peu, ne vont plus avoir de sens pour vous. Elles vont perdre leur force et leur pertinence parce qu'elles vont perdre leur raison d'être. Et ne les nourrissant plus, elles vont finir par se dissoudre.

Le lâcher-prise n'est pas un sujet sur lequel on travaille. Ce qui est nécessaire, c'est d'être un bon observateur de soi-même et dans cette observation, les conditionnements finissent par lâcher d'eux-mêmes. De la même façon, les aspects qui étaient inconscients reviennent naturellement au conscient. Le fait d'observer nos fonctionnements et par là, de prendre conscience de nos croyances suffit pour les faire disparaître.

Et un jour, on se rend compte que l'on ne vit plus le genre de problématique que l'on avait. Ce que l'on appelle l'abandon ou le lâcher se fait réellement tout seul, parfois même sans que l'on s'en rende compte.

La vie nous invite à cela à chaque instant. On pourrait dire qu'elle est le sculpteur et que nous sommes le roc. Et elle ne cesse de marteler le roc et de le transformer. C'est pour cela que chaque moment constitue une nouvelle chance de tout renverser. Aucune situation n'est jamais figée. Tout est toujours une invitation à nous reconnaître dans notre véritable nature et à regarder la magie de la vie opérer.

Tout peut se faire dans la douceur

Toutes ces notions et ces images de guerriers spirituels, de guerriers de lumière, qui ont été véhiculées pendant des années, sont inutiles.

Parce qu'elles sont basées sur l'idée qu'il faut souffrir pour y arriver, qu'il faut que ce soit dur, qu'il faut faire des efforts et être endurant, qu'il faut se battre pour ou contre quelque chose. Tout cela est faux. Toutes ces notions nous rattachent à l'idée de sacrifice. Or il n'y a aucun sacrifice à faire pour être ce que nous sommes. Il suffit simplement de voir toutes les croyances, toutes les fausses idées que nous avons sur nous-même.

On peut se reconnecter à soi dans la joie et la légèreté. Et s'il fallait, justement, apprendre à être doux avec soi-même ? Et si la lumière dont il est question ressemblait à la caresse d'une plume sur ma joue ? Il faut arrêter de se flageller, de se forcer, de s'astreindre à faire des choses qui nous coûtent. Il faut arrêter d'aller vers la présence, vers l'être, avec une attitude guerrière. Il n'y a personne à vaincre, personne à combattre. Nous sommes la présence. Nous sommes déjà ce que nous cherchons !

Est-ce que c'est la force que l'on doit employer ? Non, je dirais, une certaine détermination. La détermination, ce n'est pas la force, c'est simplement la conséquence du fait que je sais ce que je veux. Et lorsque j'utilise toutes les situations pour revenir à mon seul but, je n'ai aucun combat à livrer, bien au contraire, je vis cela dans une grande joie, dans une grande douceur.

Quand le but est extrêmement clair et précis, que l'on veut la liberté plus que tout, les choses se font simplement. Et ce n'est pas la peine, non plus, d'imaginer que tout cela doit prendre des années.

L'idée qu'il faut travailler sur quelque chose, qu'il faut dépasser ou guérir quelque chose, n'est plus nécessaire également. Il suffit de laisser sortir ce qui sort et de voir que ce que l'on est, est toujours là. Et que l'on n'est rien de tout cela, aucune de ces histoires, aucune de ces pensées.

Si l'on ne laisse pas sortir ce qui doit sortir, c'est parce que l'on a peur de ce que l'on retient. Et si l'on en a peur, c'est parce que l'on y croit. C'est donc cela qu'il faut aller voir. Et de nouveau, on peut le voir dans la légèreté.

Mettre son attention sur un seul objectif

Je ne vous propose pas d'atteindre quoi que ce soit ou d'avoir un processus à faire pour être. Nous n'avons rien à faire pour être, nous sommes déjà la présence parce que nous n'avons jamais été séparés de notre origine divine. Toute séparation sur ce plan est impossible.

Je vous invite simplement à vous écouter. En vous mettant à l'écoute de ce qui se passe à l'intérieur de vous, vous allez vivre cette unité, cette pleine connexion, à chaque instant.

Cela ne signifie pas que vous allez vivre un état de béatitude avec des visions mystiques. Là, ce n'est pas la présence, c'est de l'imaginaire, de la projection. Mais en vous mettant à écouter votre être, vous allez être confronté à vos limitations, à vos conditionnements et vous allez être guidé vers la liberté que vous avez toujours recherchée.

Et cela dépend de vous. Bien sûr, on pourrait dire aussi que cela dépend de la grâce de Dieu mais si vous attendez que cette grâce se manifeste, convaincu que votre participation n'est pas requise parce que vous avez lu ou entendu qu'il n'y a rien à faire, cela signifie que vous ne comprenez pas comment fonctionne l'expérience de la dualité ; vous n'avez pas compris que la grâce opère au travers des choix et des décisions que l'être humain est amené à prendre, au travers par exemple de l'exploration de ses fonctionnements, de ses croyances, etc.

L'invitation est donc de s'écouter. Si vous ne vous écoutez pas, c'est parce que votre désir d'attention à vous-même n'est pas constant. Et s'il n'est pas constant, c'est parce que vous voulez plein d'autres choses que cette liberté d'être. Il suffit donc de regarder tout ce que vous désirez d'autre.

Parce que l'attention est là tout le temps. Elle va simplement vers ce sur quoi nous la mettons. Comme on désire des choses multiples et différentes, notre attention se porte sur toutes ces choses. Si l'on veut être aimé, être célèbre, être admiré, être riche, notre attention va se porter sur ce qui va nous apporter cela.

La question n'est donc pas liée à l'attention à proprement parler mais à ce sur quoi elle se porte, à ce que nous voulons vraiment.

Regardez tout ce que vous voulez durant une journée : que les enfants soient obéissants, que tout le monde soit à table au même moment pour manger, que les voisins arrêtent de faire du bruit, que votre compagne ou votre compagnon vous comprenne, que votre patron vous augmente, que vous payiez moins d'impôt, qu'il n'y ait pas d'embouteillages, etc.

Si, par contre, vous n'avez qu'un seul objectif, si la seule chose que vous désirez, c'est être présent à vous-même, alors vous le vivrez.

Car le fait d'être présent ne demande aucune énergie. C'est le fait de ne pas être présent, à travers cette multitude de désirs que l'on a, qui prend toute notre énergie. La fatigue vient de là, du fait de ne pas s'écouter.

Je vais dans une direction que je ne sens pas et pourtant, je continue. Je me retrouve à faire quelque chose qui ne me correspond pas et pourtant, je continue. Je ne suis pas à l'écoute, je suis fatigué, j'ai mal à la tête, mal au dos, et je continue.

Être présent à soi, c'est tout l'inverse, c'est le sans effort, en permanence.

Comme on a été éduqué à vouloir toutes sortes de choses et à mettre notre attention sur toutes ces choses, on doit désormais s'entraîner à n'avoir plus qu'un seul objectif : au lieu de faire des efforts pour être présent, on s'entraîne à ce que le fait d'être présent soit notre seul désir.

La différence est subtile mais capitale. Tout tient à ce détail. C'est un aspect particulièrement important.

L'écoute de soi, c'est : « Montre-moi »

Il y a une différence entre être à l'écoute de soi et croire les histoires que l'on se raconte.

Si l'on veut véritablement se mettre à l'écoute de soi, il faut avoir un réel désir de voir nos fonctionnements, nos limitations et nos conditionnements. Sinon, on va se faire croire toutes sortes de choses.

Le but que l'on se donne est donc primordial. Quand vient le moment où notre unique but dans la vie est la reconnaissance de ce que l'on est, cette décision change évidemment toute la dynamique de notre existence.

Le plus important pour nous n'est plus alors de faire tout ce que l'on veut mais de sentir un alignement avec notre être, une justesse intérieure, dans tous les choix que l'on fait.

À ce moment-là, on va oser se regarder. Oser véritablement regarder nos fonctionnements, oser regarder comment on se manipule, comment on se ment et comment on ment aux autres.

Tant que l'on n'ose pas regarder cette part en nous, ce dictateur, il va continuer à exister. Le dictateur, c'est celui qui dit : « J'ai décidé de qui je veux être et maintenant, je vais m'écouter pour y arriver ».

Être à l'écoute de soi, ce n'est pas ça. Quand on s'écoute, on ne décide pas. Si l'on veut vraiment aller dans les profondeurs de notre être, on doit être prêt à dire : « Je ne sais pas », on doit être prêt à dire : « Montre-moi ! »

Il y a une grande humilité dans ce « montre-moi » et en même temps, ce « montre-moi » est le signe de l'acceptation de notre grandeur. Car notre grandeur ne consiste pas à devenir une célébrité ou à être au sommet de la Tour Eiffel. Elle peut s'exprimer à travers une forme très discrète.

Notre grandeur n'exprime pas une position particulière, elle consiste au contraire à lâcher toutes les positions. Je peux ainsi demander : « Montre-moi où est ma place, montre-moi ce que je dois faire, avec qui je dois être. »

Et quand je dis « montre-moi ce que je dois faire », ce n'est pas dans le sens d'un devoir à accomplir mais dans le sens : « Où est mon plus grand bonheur ? »

Car mon plus grand bonheur, c'est d'être qui je suis. Et dans cette reconnaissance de qui je suis, j'ai d'une certaine façon tous les choix mais aucun contrôle sur la forme car la forme va m'être toujours donnée.

C'est cela, l'abandon. C'est quand je ne veux plus que les choses soient d'une certaine façon mais que j'accueille pleinement ce qui m'est donné. Et cette attitude change tout.

Mais dès que l'on veut autre chose que la reconnaissance de ce que l'on est, on n'est plus dans l'écoute de soi. L'honnêteté est donc capitale.

S'écouter, c'est revenir au silence intérieur, c'est être dans ce « je ne sais pas ». Je ne sais pas ce qui est le mieux pour moi, je ne sais pas pourquoi cette relation est là, je ne sais pas pourquoi cette relation s'en va. Et dans ce « je ne sais pas », il y a déjà une acceptation de la forme telle qu'elle est. Les choses ne sont plus prises personnellement. Notre bonheur ne dépend plus des circonstances. Une assise plus profonde dans l'être se fait.

Quand quelque chose se présente, je le vis et quand quelque chose s'en va, je le vis. Quel que soit le mouvement, je l'accueille pleinement et je le vis pleinement. Parfois c'est du plaisir, parfois de la douleur. Je ne suis pas responsable de cela, c'est le flot de la vie...

Acceptation, accueil, ne veulent pas dire : « oui à tout, tout le temps »

Quand il est question d'accueil, d'acceptation, cela ne signifie pas qu'il faut toujours tout accepter, qu'il faut toujours dire « oui ».

Parfois accepter la situation, c'est partir. Si en regardant la situation telle qu'elle est vraiment, avec tout ce qui la compose, je vois que cela ne me correspond pas, que ce n'est pas aligné avec ce que je sens profondément en moi, eh bien, je mets des limites, j'arrête, je pars, je sors de ce contexte.

« Accepter les choses telles qu'elles sont » peut amener des prises de conscience importantes et de la clarté par rapport à ce qui a été cru jusqu'alors. Cela peut me permettre, par exemple, de voir que ce qui a soutenu mes décisions, dans le passé, n'a maintenant plus de sens. Ces changements intérieurs peuvent alors amener des changements de situations.

Cela veut parfois dire aussi : se lever et voir que l'on tient seul sur ses deux pieds, sans les béquilles avec lesquelles on a marché jusqu'à présent. Et la vie prend un nouveau sens... Plus rien ne semble pareil.

L'acceptation est simplement l'absence de résistance à ce qui est, même lorsque ce qui se présente ne me convient pas d'un point de vue personnel. L'acceptation est un lâcher, un abandon total à ce qui se vit dans le moment. Je reconnais alors que je ne sais pas ce qui est le mieux pour moi et je fais confiance à la vie.

Expérimentez, surtout !

Ici, il n'est pas question de croire. Au contraire, je dirais même : « Ne me croyez surtout pas ! »

Ici, il est question d'observer et de faire l'expérience par soi-même. Et de voir du plus profond de son être quelle est la nature de l'expérience que l'on fait.

Il ne s'agit pas de reconstituer un autre système de croyances dans lequel on va encore se fourvoyer.

Ce dont il est question, ce n'est pas de changer de croyances, c'est d'aller au-delà de tout système de croyances. L'invitation est là.

Je passe ainsi de la croyance en quelque chose à une confiance dans l'expérience vécue, à une confiance dans ce qui se vit dans mon être.

Aussi, observez, contemplez, voyez comment ces propositions résonnent en vous, regardez ce qui vous parle et faites-en l'expérience.

Prenez simplement ces mots comme des indicateurs pour aller regarder ce que vous n'avez peut-être jamais vu ou entendu auparavant. Et ne considérez pas ce que je vous dis comme une vérité parce que je l'ai dit. Toute information, toute connaissance, doit d'abord être explorée en profondeur et passer par le hachoir de votre expérience, pour que ce soit vécu dans toutes vos cellules. Ce n'est qu'en faisant cela qu'une décristallisation est possible.

Un dimanche, 21 heures 30...

Cela fait plusieurs jours que nous sommes arrivés dans cette maison du Lot et Garonne. Plusieurs jours que j'enregistre Armelle.

Je découvre une femme qui ne défend aucune place, aucun rôle ; elle ne cherche ni à me convaincre ni à s'imposer par une quelconque position. À travers les conversations que nous avons, à travers tous ces moments que nous partageons, il n'est question que d'être. C'est la liberté et elle seule qui est à chaque instant le sujet central de nos rencontres.

Je vois d'autant mieux tous les compromis que j'ai pu faire, comment j'ai constamment négocié des petits arrangements avec moi-même et comment dans ces « petits arrangements », tout se joue et tout se perd. Dès que je veux garder un avantage, dès que j'ai quelque chose à défendre, dès que je m'attribue le moindre rôle, je me quitte. Et dès que je me quitte, je me mens, je m'invente de pseudo-raisons pour justifier ce qui m'amène à me quitter. Le processus est tellement simple que depuis quelques jours, il me saute aux yeux.

Armelle est comme un feu qui invite à la conscience. À son contact, j'apprends à mettre cet éclairage dans chaque situation qui se présente.

Dès qu'il y a la moindre tentative d'appropriation de quoi que ce soit, dès qu'il y a la moindre envie d'être quelqu'un, je vois comment je quitte le champ de la conscience pour me retrouver tout à coup pris dans un fonctionnement mental qui amène instantanément toutes ses histoires et ses drames.

Le jour décline, l'air se fait plus léger et plus frais. Quelques étoiles scintillent déjà dans le ciel.

On mange une tarte aux courgettes, on rit, on se fait piquer par les moustiques. Une joie profonde nous étreint. L'invitation est effectivement là, à chaque instant, car cet espace de liberté est constamment présent, il ne dépend que de nous d'y entrer.

Quelques gouttes de pluie commencent à tomber sur la tonnelle, bruit de feuilles froissées, de ploc ploc sur les dalles de pierre. Avec elles, arrivent des senteurs d'herbes mouillées, de mousses, de bois…

On ne parle plus, on écoute, on sent… Être là, juste là, à chaque instant. C'est tout.

Qu'est-ce que je gagne à faire cela ?

Quand une situation négative se répète dans notre vie, il faut commencer par se demander quel bénéfice on en tire, quel gain une telle situation nous rapporte. Il est donc nécessaire d'aller voir, dans ce qui se déroule, quelle histoire on se raconte que l'on n'a pas véritablement envie de lâcher.

Avant toute chose, il faut se rendre compte que nous sommes « accros » à la souffrance. Nous vivons une véritable dépendance, comme des drogués, à nos histoires, à la culpabilité, au blâme, parce que nous ne connaissons que ce type de fonctionnement. Parce que, surtout, c'est ce qui nous fait exister.

Tant que nous ne sommes pas profondément assis dans l'être, on va vouloir maintenir ces histoires, d'une façon plus ou moins subtile ou même inconsciente. On va les maintenir parce que l'on ne sait pas que l'on est bien plus grand que cela.

C'est pour cette raison que l'invitation fondamentale est de revenir au silence, de revenir constamment à ce qui est avant l'émergence de quoi que ce soit, avant l'émergence de toute pensée, de toute action, de tout mouvement. Revenir à ce repos naturel pour que l'on s'installe de plus en plus profondément dans la présence.

Quand on s'ancre là, on va avoir un plus grand espace pour observer les histoires que l'on se raconte, pour voir leur irréalité, pour voir aussi comment elles maintiennent en nous le petit individu séparé. C'est-à-dire comment on les utilise pour continuer à être qui on pense être.

Il y a donc un bénéfice pour nous à les maintenir. Mais de quelle façon cela se traduit-il dans nos vies ? Concrètement, en quoi consiste ce « gain » que l'on retire d'une situation qui nous déplaît ? Quel est ce « quelque chose » auquel on est si profondément et si viscéralement attaché, et que l'on désire plus que la liberté ? Le gain, c'est tout simplement de pouvoir continuer à être une victime, à se sentir victime. Je me suis tellement défini comme une victime que je ne sais peut-être plus qui je suis lorsque je ne suis pas une victime.

Alors, qu'est-ce que je gagne à vouloir être une victime ? Voilà la question que je dois me poser.

Peut-être que je gagne de l'attention. Tant que j'ai des histoires à raconter, tant qu'il y a des choses qui ne vont pas dans ma vie, je capte l'attention de l'autre.

On comprend très tôt, dès la petite enfance, que lorsque l'on a un problème, on amène de l'attention sur soi. Et quand il n'y a pas de problème, on n'obtient pas nécessairement de l'attention. On va donc commencer très vite à mettre l'accent sur les problèmes, quitte même à mentir. Et le mensonge va venir de plus en plus facilement, jusqu'à ce que l'on se mente à soi-même, jusqu'à ce que l'on croie que l'on a réellement des problèmes, ou même, jusqu'à ce que l'on s'en crée.

Il y a également un autre bénéfice à vouloir rester une victime. Car si j'ai des problèmes, je vais devoir faire quelque chose pour les résoudre et pour obtenir le bonheur que j'attends. Je donne alors un sens à ma vie, je lui donne un but. Je vais avoir à « travailler » sur les problématiques que j'ai, avoir à cicatriser et guérir toutes sortes de blessures. Je peux ainsi justifier ma quête spirituelle, justifier toutes les rencontres que je fais avec des enseignants, tous les stages auxquels je participe. Et puis, désormais, j'ai quelque chose à dire, à partager ; ce qui m'arrive devient un sujet sur lequel je peux m'étendre.

S'enfermer dans un rôle de victime peut aussi m'empêcher de vivre autre chose que ce que je vis. Qu'est-ce que je gagne à croire que je ne peux pas être pleinement moi-même tout le temps ? Parce que l'on se trouve toujours toutes sortes d'excuses ou d'alibis pour rester « petit », pour se sentir limité dans les élans intérieurs que l'on ressent.

Et s'il n'existait aucun blocage à ma liberté d'être ? Qu'est-ce que je ferais si je voyais subitement que je suis libre ? Je n'aurais peut-être plus aucune excuse pour ne pas aller avec les mouvements que la vie me présente et être profondément heureux.

Face à une situation qui me fait souffrir et qui se répète, je dois donc constamment revenir à cette question : « Qu'est-ce que je gagne ? »

Pourquoi, par exemple, je me retrouve encore une fois dans une relation avec un homme violent ?

Vous allez me répondre que ce n'est pas possible d'affirmer que l'on gagne quelque chose dans une telle relation, que l'on ne tire aucun bénéfice à se faire taper dessus. Eh bien si, on gagne quelque chose !

Peut-être, par exemple, que je gagne une fidélité par rapport à ma mère qui était dans ce type de relation… Peut-être que je trouve un gain, un intérêt, à me plaindre tout le temps. Peut-être que j'ai peur de la solitude ou que je ne pense pas pouvoir mériter mieux. Peut-être même que je me sens en « sécurité » dans une telle relation.

En réalité, la raison importe peu ; l'important, pour que cela puisse se dénouer, c'est de prendre conscience que si cette expérience se répète dans ma vie, c'est qu'à un certain niveau, je la veux. Je la veux parce qu'elle maintient quelque chose qui me convient.

Parfois, on peut trouver la croyance qui génère le comportement, en voir l'origine, et malgré tout, au cœur de notre être, il y a toujours quelque chose qui tient et ne lâche pas. C'est parce que l'on n'a pas encore vu ce que l'on gagnait à maintenir cela.

Peut-être que je maintiens toutes ces expériences pour une raison très simple : pour me prouver que je suis, encore et encore, victime de quelqu'un ou de quelque chose, pour me prouver que je n'ai pas de chance dans ma vie.

Si la situation est là, cela signifie que, quelque part, je la veux. Une telle affirmation, bien sûr, peut faire réagir. Et si, pour un instant, vous vous ouvriez à la possibilité que ce soit vrai !

Et si, en m'ouvrant à la possibilité que ce soit vrai, cela m'aidait ? Si, en l'occurrence, je tenais vraiment à être une victime ?

Comprendre que, d'une certaine façon, on est responsable de sa vie est une clé. Parce que l'on va se rendre compte qu'être une victime est le pilier principal de notre identité séparée.

Il y a dans le Christianisme, une mise en garde contre la tentation. La plupart du temps, on associe cette notion à une imagerie liée à la sexualité ou au pouvoir mais la tentation la plus importante, la plus répandue, c'est la tentation d'être une victime, de croire que l'on est traité de façon injuste.

Mais si je m'arrête, si je me dépose profondément sur ma chaise, je constate qu'il n'y a plus rien, qu'il n'y a réellement plus rien. Là, tout est calme.

Si je reviens au silence que je suis, à ce repos, il n'y a rien d'autre. Et face à cela, je cherche constamment à faire quelque chose. Mais si je reste là, si je persiste à rester dans ce silence, cette partie de moi qui est toujours inquiète va peu à peu s'immerger dans le calme, elle va fondre.

Pendant un temps, elle sera comme un dragon qui ouvre la gueule et crache du feu. Il suffit alors de la laisser cracher son feu tout en restant dans cet arrière-plan. Et à un moment donné, le dragon sera absorbé.

C'est pour cela qu'il n'y a rien à faire. Il n'y a qu'à rester là, dans ce silence. La vie prend soin de tout le reste.

Tout est parfait

Que peut bien vouloir dire une telle affirmation ? Car si je regarde autour de moi avec mes critères de bien et de mal, de ce qui devrait être ou ne pas être, il est difficile d'accepter l'idée que tout soit parfait.

Mais ce propos prend un sens complètement différent s'il est vu de la perspective de la conscience.

La perfection ne se trouve pas dans la forme, ni dans le contenu de l'expérience. Si c'était le cas, on pourrait penser en effet que la vie est profondément imparfaite. Ce qui est pointé, ici, c'est qu'il est impossible que quoi que ce soit se passe différemment de comment cela se passe.

Toute autre possibilité n'est que le fruit d'une gymnastique mentale dans laquelle on imagine que, retournant dans le passé, on pourrait changer tel ou tel élément pour que ce qui s'est passé se soit passé différemment. C'est bien sûr totalement irrationnel et irréalisable : une fois qu'une action est passée, il est impossible de la changer parce que l'on ne peut pas changer le passé.

« Ce qui est » est. Et la perfection se situe précisément là. Elle est juste là. Tout est parfait parce que c'est comme ça, non pas parce que cette situation apparaît sous telle forme ou sous telle autre mais parce que dans l'instant où elle apparaît, il ne peut rien exister d'autre. Et il n'existe rien d'autre !

Alors, posez-vous un moment… Regardez en vous… Et laissez la question qui suit se déposer dans vos tripes et vous montrer ce qu'il en est : Est-il possible que les choses soient différentes de ce qu'elles sont lorsque vous les regardez dans l'instant où elles surgissent ?

Le plus important n'est pas que vous me croyiez et mangiez tout crus mes propos mais bien que vous en fassiez l'expérience par vous-même, de sorte que ces zones d'ombre soient levées et que vous puissiez vous ouvrir à l'existence telle qu'elle est réellement.

Résister à la situation en voulant changer le passé est une impasse. Et la souffrance se situe justement là, dans le fait de vouloir que les choses soient différentes de ce qu'elles sont.

Si je vis une expérience qui ne me plaît pas, ce que je peux faire, c'est simplement regarder la façon dont je réagis.

Je vais alors constater que je n'aime pas avoir telles pensées ou telles émotions, ou telle façon d'être. Du coup, je peux regarder plus en profondeur. Qu'est-ce qui en moi me pousse à réagir de la sorte ? Quelles sont les croyances ou les conditionnements qui sont derrière mes réactions et qui soutiennent le fait que je vis cette situation que je n'aime pas. Je peux ainsi ramener l'inconscient à la conscience et par là, me libérer de ces vieux modes de fonctionnement.

Et dans ce moment où je regarde tout cela, je choisis la vérité de mon être. Je reviens donc au silence, à la présence. Je choisis ce que je suis au lieu de la limitation qui se vit dans cette réaction. Et je n'ai pas non plus besoin de me flageller parce que j'ai eu telle réaction. Je sens alors, du plus profond de moi-même, que je ne suis pas ces réactions, que je ne suis pas ces pensées, ni ces croyances, ni ces émotions. Et là, un nouvel espace s'ouvre.

Lorsque vous prenez conscience que vous ne voulez plus vous retrouver dans telle situation, que vous ne voulez plus toutes ces répétitions, ces cycles de souffrance qui semblent sans fin, vous « appelez » alors souvent une ou des situations qui vont vous inviter à revivre ce que vous ne voulez plus. Mais en les « appelant » ainsi, vous choisissez cette fois de vivre ces situations en pleine conscience, c'est-à-dire à partir de cet espace de paix et de non-jugement que vous êtes. Ce nouveau vécu, vu en conscience, décristallise alors les énergies bloquées par ce qui s'était construit auparavant et met fin à ces cycles. Et un jour, vous vous rendez compte que vous ne vivez plus ce genre de situation.

C'est cela, le véritable lâcher-prise : quand vous ne forcez rien mais prenez simplement conscience de ce qui est.

Personne n'est ainsi jamais victime de quoi que ce soit.

Ce propos, radical, peut sembler choquant ou disproportionné quand on regarde tout ce qui se passe dans le monde ou autour de nous, y compris quand on repense à certaines de nos expériences. Il est pourtant extrêmement libérateur pour soi-même et c'est sous cet angle qu'il doit être regardé.

Comment puis-je être victime de quoi que ce soit si tout ce qui se passe, ou vient à ma conscience, est quelque chose que j'ai « appelé » de façon à me libérer de mes vieux modes de fonctionnement, de mes croyances ou des défenses que j'ai élaborées mais qui me coupent de la vie ? Comment puis-je être victime de quoi que ce soit si tout ce qui survient dans mon existence n'est là que pour me libérer du contexte intérieur qui a appelé ces situations ?

Si nous vivons dans cette perspective de reconnaissance de ce que nous sommes, on comprend que tout ce que l'on vit a sa raison d'être et constitue une opportunité de libération.

Quelle est notre croyance la plus redoutable ?

C'est croire que je ne suis pas complet, là, maintenant, tel que je suis.

De cela, découle très souvent l'indignité.
Croire que je ne mérite pas.
Croire que je n'ai pas droit à…
Croire que je ne suis pas assez bien.

La seule vérité qui soit : « je suis »

Il n'y a pas de vérité absolue, il n'y a que ce que vous vivez dans l'instant qui est vrai. Surtout, ne me croyez pas, constatez-le par vous-même.

On veut tellement sortir de notre souffrance que l'on est prêt à accepter tout ce que l'on nous dit, que l'on peut même baser notre vie et se constituer une nouvelle identité sur des croyances qui deviennent peu à peu des certitudes inébranlables. Mais les mots ne sont pas la vérité.

Dès que l'on met la vérité dans une forme, ce n'est plus la vérité. Dès qu'un concept ou un indicateur est pris pour une vérité, il perd sa raison d'être, sa finalité, qui est d'inviter à une autre perspective, à une exploration de l'expérience, à un retournement de ce qui est cru.

Les concepts spirituels, qui nous ont été utiles pendant un temps pour lâcher les croyances que l'on avait par rapport à soi-même, au monde, aux relations ou à la vie en général, doivent eux aussi être lâchés à un moment donné. Sinon, ils vont devenir de nouvelles croyances.

Si l'on ne les lâche pas, on va entrer dans le cycle sans fin de la recherche spirituelle et on va finir par s'y perdre. On va s'y perdre de la même manière que l'on s'est perdu dans le monde des objets. On va même se croire plus intelligent que les autres sous prétexte que l'on est sur un chemin spirituel et que ce ne sont plus des désirs matériels qui nous motivent mais, en réalité, on se retrouve exactement au même point. Rien n'a changé, on est dans la même illusion. D'une certaine façon, on pourrait dire que l'on est encore plus perdu qu'avant parce que l'on croit que l'on est arrivé quelque part. De toute façon, on n'arrive jamais quelque part.

Parfois, on est même devenu humainement pire. On est gonflé de connaissance, de prétentions. On a oublié notre simplicité, notre fraîcheur.

Tous les concepts spirituels doivent être lâchés à un moment donné.

S'il existe tant de gens qui se sentent faire le yo-yo entre leur être et le monde, c'est parce qu'ils s'accrochent à des pratiques ou des concepts qui, aujourd'hui, ne sont plus vrais pour eux et ne leur servent plus. Ils ne leur permettent plus de vivre simplement les choses telles qu'elles sont, de voir la vie telle qu'elle est réellement.

Ne pas prendre ce qui m'arrive d'une façon personnelle

Quand on est assis dans la présence, dans l'être, on a un recul naturel pour pouvoir observer tous les mouvements émotionnels, toutes les pensées qui nous traversent et on voit alors clairement que les événements que l'on vit n'ont pas à être pris de façon personnelle.

Plus on revient dans la présence, plus on reste dans la présence, plus on voit que la vie est impersonnelle.

On s'ouvre dès lors à la possibilité, ou à l'évidence, que nous sommes l'instrument de la vie au travers duquel se vit la conscience universelle et que cette conscience se vit aussi dans des croyances et des conditionnements qui nous semblent personnels.

Ces croyances et ces conditionnements font partie de la vie humaine et sont tout à fait normaux. Et lorsqu'ils sont regardés à partir de la présence, à partir de l'espace que nous sommes, ils deviennent des portes ouvertes vers la reconnaissance de notre véritable nature parce que, vus de cet espace, ils perdent leur influence et laissent la place au silence tranquille que nous avons toujours été.

D'une façon générale, nous vivons presque toujours les événements, les émotions et tout ce qui nous arrive, d'une façon personnelle.

Quand je suis triste, je crois aussitôt que je suis cette tristesse, que je suis ce qui est triste en moi. Je peux croire aussi que c'est moi qui l'ai provoquée, que j'aurais pu l'éviter. En fait, ce qui me fait souffrir, c'est toute l'histoire que je me raconte autour de cette tristesse. Si je lâche l'histoire et laisse la sensation être ce qu'elle est, cela va passer très vite. Ce qui perdure, c'est l'histoire que je me raconte et c'est cette histoire qui constitue ma souffrance, ce n'est pas l'émotion par elle-même ou les faits.

Plus on se reconnaît dans la présence, plus il va y avoir un détachement naturel qui va se faire par rapport à toutes les histoires que l'on se raconte ou qui nous arrivent.

Ainsi, s'il y a de la tristesse, je peux voir que je ne suis pas la tristesse, que je ne suis pas non plus ce qui est triste. De cette perspective, il y a déjà un lâcher qui se passe. Parce que la tristesse, comme la colère, comme n'importe quelle émotion ne constitue pas un problème en soi. Ce qui fait que je ne les accepte pas, en dehors des histoires personnelles qui leur sont rattachées, ce sont aussi toutes les projections et tous les conditionnements que j'ai par rapport à ces émotions, comme par exemple : « La tristesse, ce n'est pas bien. On n'a pas le droit d'être en colère, etc. ».

Ne plus vivre les choses de façon personnelle n'est pas un rétrécissement. Au contraire, c'est un agrandissement, une expansion de ce que je suis.

Dépendance et détachement

Bien souvent, quand un chercheur spirituel rencontre la notion de « détachement », quand il entend que « la liberté, c'est d'être détaché », il croit qu'il doit entrer dans l'action de se détacher. Il va donc faire du « détachement » une pratique et va vouloir acquérir un nouveau comportement, une nouvelle façon d'être.

Mais ce n'est pas en changeant la forme des choses, ce n'est pas en ayant un autre comportement ou en se mettant à rejeter tout ce à quoi il est attaché qu'il va pour autant être « détaché ».

Tout se joue en fait dans l'attitude intérieure que l'on a. La forme des choses peut être exactement la même mais je ne repousse rien, je ne rejette rien, je suis au contraire dans une grande ouverture qui me permet de voir que cette situation, cette personne ou cet objet, ne m'est pas nécessaire pour être ce que je suis, pour être heureux, pour être entier.

Le détachement n'est donc pas quelque chose que l'on fait. Simplement, quand les croyances profondes et les conditionnements sont remis en questions et qu'ils sont vus comme étant une glu qui maintient des dépendances, il y a alors détachement, dans le sens où l'attachement n'est plus.

Un mardi, 3 heures…

Je m'étais réveillé en pleine nuit. J'écoutais la pluie tomber avec fracas sur les tuiles du toit. Le rythme des gouttes d'eau changeait par moments, c'était comme une danse… La lumière d'un éclair avait brusquement illuminé les murs de la chambre puis tout était redevenu noir. Je m'étais mis à attendre. Pas de tonnerre, seulement le bruit des branches que le vent agitait dans tous les sens. Puis le tonnerre était venu…

Cette vitalité sauvage, je la ressentais en moi. Comme un raz de marée. Depuis quelques semaines, je vivais une petite révolution. Je m'étais libéré de mon admiration et de ma dépendance pour celui qui fut pendant près de vingt ans mon maître spirituel. Il ne restait plus que de la gratitude et un immense espace de liberté. Le reste s'était dissous. J'avais renoncé à vouloir « être à la hauteur », j'avais abandonné toute idée d'un but à atteindre, j'avais quitté toute envie d'être quelqu'un. Plus personne à imiter, plus de modèle à suivre. Plus de pression. Plus d'objectif. Être juste moi-même. Quel soulagement !

Cette prise de conscience m'avait naturellement amené à écouter plus intimement ce qui se vivait en moi. Et justement, en cet instant, il y avait une indication particulièrement forte que j'entendais dans ma tête et qui revenait entre les éclairs et les coups de tonnerre : « Armelle Six. Fais un livre avec Armelle Six. »

Je trouvais cette idée vraiment curieuse car j'avais d'autres projets de livre. Lorsque je fermais les yeux, je voyais le visage d'Armelle… Deux ou trois mois auparavant, j'avais découvert ses vidéos et j'en avais regardé plusieurs à la suite.

Lorsque j'ai commencé à m'ouvrir à la possibilité de faire un livre avec elle, mes premières pensées furent de me dire qu'elle n'avait pas besoin de moi pour faire cela, puis qu'elle devait déjà probablement travailler sur une publication.

Malgré tout, cette indication de faire un livre sur son témoignage persistait avec force.

J'ai fini par me lever. Je me suis demandé comment je pouvais la contacter, je ne savais pas où elle habitait, j'ignorais si elle était en France ou à l'étranger.

J'ai allumé mon ordinateur, j'ai finalement trouvé une adresse mail et je lui ai écrit quelques mots. Puis je me suis recouché et me suis remis à écouter la pluie tomber sur les tuiles du toit.

C'était un moment très heureux, de grande liberté. Je n'avais aucune attente. J'avais simplement fait ce que j'avais à faire.

J'ai lu sa réponse le lendemain matin en me levant. Je me suis dit alors que c'était comme ça que je voulais continuer à vivre, en suivant cette petite voix silencieuse qui parle si fort à l'intérieur…

De quelle liberté parle-t-on ?

Il y a la liberté que l'on imagine, qui est la liberté de pouvoir faire tout ce que l'on veut. Et il y a la véritable liberté qui est intérieure, inconditionnelle, et qui peut nous imposer le fait de ne pas pouvoir faire toujours ce que l'on veut ; parce que ce que nous croyons vouloir n'est pas forcément ce que nous voulons véritablement.

La vie répond toujours à notre véritable désir, elle ne répond pas à tous nos désirs. Au gré des situations qui se présentent, on va ainsi pouvoir inclure des aspects de la vie que l'on refusait ou ignorait. C'est ce que l'on pourrait appeler « un élargissement de notre zone de confort ». Au fur et à mesure des expériences que l'on vit, il va donc y avoir de plus en plus « d'inclusions » qui agrandissent notre zone de confort.

Et chaque fois qu'une identification lâche, que je ne donne plus prise à des projections, la reconnaissance de mon être se renforce. Parce que lorsque j'abandonne quelque chose, je ne perds rien. Au contraire, toutes ces « inclusions » m'amènent dans une ouverture de plus en plus grande et de façon simultanée, cette ouverture de plus en plus grande m'amène à de plus en plus « d'inclusions ».

Et cela continue jusqu'à ce que l'on se rende compte que finalement « on est le monde », jusqu'à ce que je puisse dire : « Le monde, c'est moi. Il n'y a rien à l'extérieur. »

Elle est là, la liberté. C'est la liberté d'être soi-même dans toutes les expressions possibles. Il n'y a plus de retenue du mouvement, je peux laisser être ce qui advient. Parce qu'il n'y a plus de désir d'obtenir un quelconque résultat, il n'y a plus d'objectif particulier.

Il y a donc une pleine acceptation de tout ce qui est mais sans acte à poser pour que ce soit accepté. Lorsque la situation arrive, elle est déjà acceptée. Quelle que soit la situation dans laquelle on se trouve, on est alors libre d'agir en fonction de ce que l'on sent au plus profond de son être.

On peut ainsi travailler au sein de structures hiérarchiques, vivre dans la société, en accepter les lois, sans pour autant se sentir moins libre ou diminué.

Parce que, quand les croyances et les conditionnements lâchent, quand on se reconnaît dans notre véritable nature, on ne se sent plus défini ou limité par quoi que ce soit. Cet espace de reconnaissance, c'est la liberté dont on parle ici. Et cette liberté, c'est ce que nous sommes.

On pourrait dire que l'on ressemble à des artichauts. Dans l'artichaut, le cœur est déjà là. Mais on ne le voit pas, on ignore même qu'il existe à cause de toutes les feuilles qui l'entourent. Les feuilles, ce sont tous nos conditionnements, toutes nos croyances. On est le cœur, on n'est pas les feuilles. Mais tant que l'on n'a pas enlevé les feuilles, tant que l'on ne s'est pas arrêté, on ne peut pas voir le cœur. Et dès que l'on enlève les feuilles, on se rend compte que le cœur a toujours été là. On n'a pas eu besoin de le chercher, on n'a pas eu besoin de le mettre là, on ne l'a pas atteint. Il était constamment là. Il était au cœur des feuilles. Donc tous ces conditionnements, toutes ces croyances, toutes ces défenses, font simplement partie de l'emballage.

Quand l'emballage tombe, on trouve le cœur, on trouve la liberté, on trouve l'amour, parce que c'est ce que l'on est.

La souffrance, c'est la résistance au changement

Il n'y a jamais deux expériences identiques. Si l'on regarde vraiment, on ne répète jamais quoi que ce soit.

En fait, le changement est quelque chose de totalement naturel et c'est la résistance au changement qui provoque la souffrance. Nos cellules, par exemple, sont en mutation constante. Et cela en permanence. On est déjà différent de ce que l'on était il y a trente secondes. La nature, l'univers entier, est en constante mutation et nous, face au changement, on se dit : « Il ne faut pas que les choses se passent ainsi ! ».

En croyant savoir comment les situations devraient se dérouler, on casse constamment le flux de la vie. On interfère ainsi avec les événements parce que l'on s'imagine connaître ce dont on a besoin et ce qui est le meilleur pour nous. Or, bien sûr, on n'en sait rien du tout.

Pourtant, dès que l'on accepte de rester dans la fluidité du mouvement, dans ce changement permanent, on peut voir que tout va bien ; on peut expérimenter l'absence de problème, l'absence de manque. Car ce que l'on vit, à ce moment-là, n'est pas la rupture que provoque le changement mais la continuité de notre expérience de vie. Bien que tout change, quelque chose reste inchangé, et nous sommes cela.

La continuité ressentie du fait de la connexion à la source peut être également vécue dans le cas d'une relation qui se termine, par exemple. Je peux pleurer un certain temps, me dire que j'aimais beaucoup cette personne, que j'aurais adoré partager un plus long moment avec elle, ou toute ma vie, mais la réalité des faits, c'est que cette personne est partie ; ou alors la relation n'a plus la flamme qu'elle avait et je ressens qu'il est temps que cette relation s'arrête, qu'autre chose se prépare. Et dans le moment où cela est accepté – et quand je parle d'acceptation, ce n'est pas quelque chose qui est à faire, c'est juste reconnaître la réalité des faits – eh bien, dans cet instant-là, toute résistance à cette réalité tombe. Et donc, la souffrance tombe.

Ce qui est fabuleux, c'est que l'instant d'après, je vais peut-être sentir l'envie de parler à cette personne, de lui dire tout ce que je ressens. Et peut-être qu'une nouvelle histoire peut démarrer. Qu'est-ce que j'en sais ? Mais l'action se vit dans l'instant, sans projeter de futur. Dès que j'imagine un futur, je crée de la souffrance parce que je crée des attentes, des espoirs.

Alors comment rester dans la fluidité de la vie ? En étant à l'écoute profonde de soi, sans but, sans attente. Être juste ouvert au fait de pouvoir « être guidé par la vie ». Et en suivant cette écoute, cette guidance, on va être confronté à toutes nos croyances.

C'est donc en observant nos fonctionnements qu'une déconstruction de toutes les fausses idées que nous avons, peut s'amorcer.

Ce dont je parle ne se situe donc pas sur le plan d'une action à accomplir ou d'une pratique extérieure, il s'agit simplement de s'observer et de s'écouter.

Il en résulte ainsi un lâcher-prise mais ce n'est pas nous qui accomplissons ce lâcher-prise. Son assise est dans l'être. Plus nous nous reposons dans le silence, dans la présence, et plus, de cet espace de non-jugement, les fausses croyances, les vieux conditionnements, sont vus et reconnus comme inutiles et illusoires. De là, un véritable lâcher se passe. Et un jour, on se rend compte que telle problématique n'est plus active en nous.

Le lâcher-prise que l'on essaie de faire, par contre, n'est pas un véritable lâcher-prise, c'est encore une forme de contrôle. Pourquoi ? Parce qu'en réalité, on cherche à se transformer, à obtenir quelque chose en échange du fait de lâcher. Alors que dans l'observation de comment les choses sont vécues, c'est-à-dire dans l'observation de nos conditionnements, de nos croyances concernant qui on pense être, on ne cherche pas à changer cela, on se rend simplement compte que ces croyances ne sont pas vraies. Et dans cette prise de conscience, elles tombent, elles se désagrègent.

Je pense par exemple à une personne qui était venue me parler dans un café, il y a quelque temps, en me disant : « Je suis quelqu'un de timide, j'ai beaucoup de mal à aller vers des gens que je ne connais pas, je ne me comporte jamais de façon spontanée… »

Je lui avais répondu que ce n'était plus la peine de se définir ainsi. « Aujourd'hui, tu viens de prouver que ce que tu dis n'est pas vrai. Tu n'as pas été timide, tu es venue spontanément me parler. Donc, tu n'es plus obligée de te voir ainsi. C'est fini. »

Cette personne n'a donc pas besoin de se changer, elle a juste à se rendre compte que cette croyance est fausse.

Si l'on ne prête pas attention à la façon dont on se voit, ou s'il n'y a pas quelqu'un qui remet en question l'image que l'on a de soi-même, on va continuer à croire à tout ce que l'on se raconte. On doit donc se demander très honnêtement : Est-ce que j'ai le désir de me voir véritablement ?

On en revient encore une fois au but que l'on se donne.

Je pense que la question ultime est toujours la même et cette question est primordiale : Qu'est-ce que je veux véritablement ? Quel but je donne à la vie ?

Pour moi, la vie n'a qu'un but, c'est de nous amener à nous reconnaître dans notre véritable nature.

Je peux voir alors que toutes les rencontres que je fais, toutes les situations que je vis, servent cette reconnaissance, servent mon désir profond de liberté intérieure. Et là, une constance s'installe en moi.

Par contre, quand je crois que la vie a des buts multiples, qu'il faut arriver à quelque chose ou quelque part, je me coupe de moi-même et je vis alors l'inconstance et l'inconsistance.

Dans l'assise de ce que nous sommes, il n'y a pas de perte, il n'y a que continuité. La forme des choses change – c'est la nature de l'expérience – mais moi, ce que je suis, ne change jamais. Et cela, c'est le vrai bonheur, l'abondance, la liberté, car notre être n'est plus dépendant de quoi que ce soit.

Et si l'on remettait en question nos croyances sur la spiritualité ?

Toutes les idées que nous nous faisons sur la spiritualité doivent un jour être abandonnées parce que la simplicité du bonheur, la fraîcheur de cette vie que l'on est, n'a rien à voir avec ce que l'on s'imagine.

Certaines personnes, par exemple, croient qu'en étant reconnectées à elles-mêmes, elles vont être dans l'unité tout le temps, qu'elles vont sentir constamment l'unité. Ce n'est pas vrai. On ne peut pas être en permanence dans une expérience mystique ! Ce que l'on vit tous les jours, c'est la vie quotidienne, la vie ordinaire.

On ne se met pas non plus à vivre une vie impersonnelle de façon impersonnelle. On continue à dire « je », à répondre quand on nous appelle par notre prénom.

Par contre, c'est tout le côté personnel des histoires que l'on se raconte à longueur de journée qui s'arrête.

On s'imagine aussi que l'on ne va plus avoir le choix. Mais s'écouter, écouter la voix de l'être, ne signifie pas pour autant que l'on ne choisit plus. Parce que si l'on se dit que l'on ne choisit plus, c'est quand même un choix, celui de ne pas choisir, et cette attitude peut très vite amener à de la résignation. Il ne s'agit pas d'être résigné, les choix continuent à se faire mais il est su que ces choix résultent d'un ensemble d'éléments sur lesquels on n'a aucun contrôle.

D'une manière générale, on a tous des principes ou des règles de conduite plus ou moins inconscientes qui déterminent certaines idées que l'on a sur la spiritualité.

Pour certains, ce sera par exemple la conviction qu'il ne faut pas trop manger ni trop dormir pour progresser spirituellement. C'est ce que je croyais au tout début de ce chemin, je m'étais mise à manger peu, à moins dormir et à me lever tôt car j'étais persuadée que cela pouvait m'aider. Je n'avais pas le droit d'être gourmande ou de faire la grasse matinée. Mais c'était moi, bien sûr, qui m'interdisais cela !

Ou alors, on est persuadé qu'il faut être pauvre. Quand on est spirituel, on ne doit pas avoir d'argent.

On ne peut pas non plus être bien habillé. Je ne peux pas mettre une jolie robe et être toute pimpante. Ce n'est pas possible. On n'a pas droit au luxe, non plus.

C'est comme s'il y avait un censeur en nous, un tyran, qui prenait tout à coup la parole et nous disait :

– Tu veux trouver Dieu et tu mets des hauts talons ? Mais qu'est-ce qui t'arrive ? Tu es devenue folle ou quoi ! Et en plus, tu veux être belle, tu veux porter des bijoux ?

– Attends, ne me dis pas maintenant que tu veux faire les boutiques !

Très vite, il va falloir aussi ne pas fumer, manger bio, faire attention à ceci ou à cela… La liste des obligations que l'on se donne est sans fin.

On ne fait que s'enfermer et enfermer l'autre dans des jugements. À travers notre recherche spirituelle, on cherche à atteindre une perfection imaginaire. La seule chose qui soit importante, c'est : « Reviens ici, en toi, dans la présence, dans le silence. »

Parce que quand tu es là, il n'y a plus de problème, tu n'as plus besoin de comparer, de juger, de jauger. Et de cet espace, tu es guidé, inspiré, tu sais que faire et où aller.

Aurait-on peur d'être libre ?

On cherche en permanence à se définir : je suis médecin, par exemple, ou coiffeuse, ou cadre, je suis un homme, je suis une femme, je suis de gauche ou de droite, je suis athée ou croyant. Parce qu'en se définissant, on peut croire que l'on existe en tant qu'une personne séparée et indépendante.

Mais « ce que l'on est » est indéfinissable, inqualifiable, et ce n'est pas non plus quelque chose que l'on peut atteindre. Cette absence de définition, précisément, est insupportable pour l'idée que l'on a de soi. On préfère se limiter, se sentir un moins que rien plutôt que de rester dans cette absence de définition.

Pourtant quand on vit sans définition, ce n'est pas effrayant. Ce qui nous effraie, c'est de l'imaginer, d'imaginer que plus rien ne nous définit, que nous ne sommes « rien » en quelque sorte, rien de particulier. Être sans définition, ce n'est pas être vide, c'est ce qui est à chaque instant, rien de plus.

C'est cet imaginaire, que l'on crée par rapport à cette expérience, qui nous fait peur mais encore une fois, « être » n'est pas effrayant. C'est la chose la plus naturelle qui soit, c'est ce que l'on est tout le temps. Simplement, on n'en est pas conscient.

On pourrait dire que ce que l'on est, c'est « ce qui est ». Et dans cette formule, non seulement il n'y a pas le moindre espace pour se définir mais il y a une totale ouverture, une totale liberté. On a peur de la liberté parce que l'on a peur d'être sans définition. Mais justement, être libre, c'est être sans définition.

Parce qu'en étant sans définition, on est aussi sans position. Et quand il n'y a plus de position, il n'y a plus de séparation et plus de limites. Je n'ai plus rien à défendre puisqu'il n'y a rien qui me définit, je n'ai plus de points de vue ou d'opinions à tenir. Je n'ai plus ce besoin d'avoir raison car il n'y a plus personne à convaincre. Il n'y a que cette ouverture. Et il n'y a pas de centre à cette ouverture, il y a seulement l'ouverture.

Sans définition, je suis vaste car la définition vient mettre des barrières, des limitations à quelque chose qui est complètement infini et indéfini.

On ne peut pas réellement dire ce que l'on est. C'est un fait, « nous sommes ». Alors pourquoi cela nous semble-t-il si insupportable de ne pas pouvoir se définir ? Parce que l'on cherche le contrôle, on veut contrôler la vie.

Et pour éviter de faire face à cette perte de contrôle que provoque le fait de « ne pas savoir », on a pris l'habitude de tout juger. Juger non pas en bien ou mal mais juger en mettant des catégories, en définissant les choses. C'est cela qui nous rassure. Ainsi, je sais qui je suis : je suis celui qui est comme ça, qui défend la planète ou la nation, qui aime ceci ou cela… Même lorsque je souffre, je préfère me définir par ma souffrance plutôt que rester sans définition. Je suis celui qui a toujours mal à la tête, par exemple, ou je suis celle qui est indigne ou celle qui se fait tromper par les hommes.

Si je ne me définis plus, je n'ai également plus la possibilité de me définir en tant que victime. Si je ne suis plus « celle qui est indigne », je peux arrêter de me sentir indigne et vivre pleinement ma vie. En fait, on a peur d'être libre parce que l'on a peur de devenir responsable de notre vie. On se cache alors derrière toutes ces croyances pour rester là où on est. Il est parfois plus facile de se plaindre quotidiennement que de changer.

Quand toutes ces définitions que je me donne sont examinées, fouillées, interrogées, une question peut émerger : « Qui suis-je si je ne suis pas ceci ou cela ? »

Arrêter de se considérer comme le centre du monde

D'une façon paradoxale, la présence dont il est question dans ce livre, la présence que nous sommes, est occultée par toutes les croyances qui forment l'idée que nous sommes au centre et au contrôle de la vie. Cette idée est ce qui doit être vu en conscience et explorée profondément pour que la présence se révèle.

Quand je dis « je respire », par exemple, j'en viens à croire que c'est moi qui fais l'action, qui crée la respiration. Si c'était le cas, il faudrait que je pense tout le temps à respirer et lorsque je n'y pense plus, je devrais m'asphyxier. Est-ce qu'il ne serait donc pas plus juste de dire que c'est la vie qui respire à travers moi ?

On peut observer cela pour tous les processus biologiques. Est-ce que c'est moi qui pilote les mécanismes de la digestion ou est-ce que la digestion se fait toute seule ? Est-ce que c'est moi qui contrôle les battements de mon cœur ou est-ce que, tout simplement, mon cœur bat ?

Quand on se croit au centre de l'action, c'est-à-dire quand on se prend constamment pour l'acteur de toutes ces actions – alors que c'est véritablement la vie qui s'en charge – on va introduire en nous des interférences, des sortes de « bugs » comme en informatique. Le corps ne va plus fonctionner de façon parfaite, il va agir d'une façon différente. Il va y avoir des blocages énergétiques, des sortes de coupures de notre vitalité, qui peuvent entraîner des maladies ou des problèmes. Car le corps n'est pas séparé de l'esprit, il est le reflet de toutes nos croyances et il va donc les manifester.

Quand je me crois au contrôle de tout ce que je fais, ce que je gagne c'est d'être « moi ». Mais est-ce que je me demande ce que je perds en étant « moi » ? On croit qu'en étant « moi », on gagne tout mais en réalité, on perd tout ! Parce que dès que je suis « moi », je perds la conscience de tout le reste. J'oublie tout le reste et je suis juste « moi ». C'est horrible d'être juste « moi » ! C'est là qu'il y a souffrance, c'est là que je me sens « pas assez ».

C'est justement parce que je suis « moi » que je cherche l'expérience de libération, d'éveil, mais cette expérience est là tout le temps dès que j'arrête de croire à ce personnage qui prétend tout contrôler et tout juger.

En fait, je ne peux défaire ce personnage qu'en allant voir ce qui le construit, qu'en allant voir son irréalité.

Donc, je commence par m'asseoir dans la présence. C'est absolument indispensable parce que je ne vais jamais pouvoir lâcher ce en quoi je crois et qui me semble être si réel, je ne vais jamais me décoller de ce « moi » si je n'ai pas l'expérience de ce qui est plus grand que lui. C'est le premier pas : revenir à « je suis », à la présence.

S'asseoir de plus en plus dans ce repos naturel que l'on est, a pour effet qu'au lieu d'être à l'avant-plan de notre vie, on se reconnaît dans l'arrière-plan, dans l'espace qui est toujours là. De cet espace, il y a une ouverture naturelle qui regarde tout ce qui n'est pas libre en nous – les peurs, les attentes, toutes les croyances qui limitent, toutes les idées de comment la vie devrait ou ne devrait pas être, etc.

Au cours de ce processus de transformation, des cycles vont se produire. Vous allez peut-être avoir l'impression de repasser par les mêmes situations ou les mêmes observations mais tant qu'elles émergent, c'est qu'il y a encore des croyances qui n'ont pas été vues et qui ont toujours un certain pouvoir d'attraction. Même si ces situations se ressemblent, elles ne sont jamais exactement pareilles, c'est une autre couche, ou elles se présentent sous un aspect qui n'avait pas été entrevu.

Tout ce processus, toutes les situations, tout ce que l'on vit répond constamment à cet appel à revenir à la vérité de son être. Quand cette compréhension est bien installée, la présence est alors de plus en plus notre expérience.

Un mercredi, 15 heures…

On buvait un café, assis dans de confortables fauteuils, devant une gigantesque baie vitrée qui laissait entrer un soleil de décembre particulièrement chaud. Devant nous, le ciel, d'un bleu immaculé, et des toits colorés qui descendaient en cascade jusqu'à la Seine. Au loin, la Tour Eiffel… Armelle me parlait de l'importance de l'écoute intérieure, de la nécessité même qu'il y avait à s'écouter… Ainsi, disait-elle, on peut suivre le mouvement qui nous habite au plus profond de notre être. Je lui demandais si cette écoute n'était pas plus facile et plus naturelle pour une femme que pour un homme.

– J'ai envie d'arrêter de faire ce genre de différences, me répondit-elle, presque étonnée par ma remarque. Je ne pense pas qu'il y ait des pauvres hommes et des super femmes ou des supers hommes et des pauvres femmes. Je vois qu'il y a surtout une énorme propension chez l'être humain à se faire victime de sa situation et qu'il utilise n'importe quoi pour ne pas prendre la responsabilité de son existence et de ses choix. On exploite en permanence le moindre prétexte pour ne pas voir la réalité de notre situation intérieure, pour se donner des excuses : « Ah, mais moi, je suis un homme… Ah, mais moi, je suis une femme… Ah, mais moi, je suis trop jeune… Et moi, trop grosse… Et moi, j'ai des enfants… »

Elle éclata de rire. Puis, rajouta : « Tout cela, ce n'est que du bla-bla pour continuer à se sentir victime, pour dramatiser sa vie. »

Je ne pouvais qu'acquiescer. Je me mis à rire avec elle.

– Bien sûr, continua-t-elle, on peut dire que les hommes et les femmes ne fonctionnent pas de la même façon mais on a tous un côté féminin et un côté masculin. Et cela appelle inévitablement à un équilibre. On va voir ainsi, au travers de nos fonctionnements, s'il y a pleine expression des deux, s'il y a liberté ou s'il y a au contraire une tendance à une domination de l'un et une soumission de l'autre.

Elle se leva pour refaire du café. Lorsqu'elle se déplaçait, son corps se coulait dans l'espace, d'une façon agile et rapide, sans rien déranger à l'atmosphère qui régnait dans la pièce.

– On a été longtemps confronté à un masculin de pouvoir, dit-elle devant la machine à expresso, à un masculin démesuré, abusif. En moi, c'était pareil, ce masculin abusif était là aussi. J'ai vu comment, à une période de ma vie, j'étais une femme qui fonctionnait à la façon d'un homme. Tout était en force, dans le contrôle, dur, autoritaire, au lieu d'être davantage dans la réception, l'accueil, la douceur. Et ce masculin-là n'était pas correct, c'était une forteresse de protections. Aujourd'hui, j'ai l'impression que beaucoup de femmes entrent malheureusement dans un masculin de pouvoir, un masculin abusif, en réaction à un féminin qui a été tellement soumis, voire abusé. En même temps, beaucoup d'hommes semblent aussi avoir peur de leur propre masculin parce qu'il y a une prise de conscience de ce côté abusif du masculin. Si le féminin a été longtemps en souffrance, il me semble que le masculin souffre également. Et sans ce masculin, on ne sait plus comment entrer dans l'action juste, on n'arrive plus à être hyperclair en soi-même, à pouvoir trancher ; c'est cette épée dont parlait Jésus et elle est nécessaire elle aussi.

En l'écoutant, je pensais au maître auprès de qui j'avais passé de longues années et qui avait tellement insisté sur cette réconciliation qu'il fallait faire entre notre masculin et notre féminin, sur ces noces alchimiques que l'on devait accomplir.

Comme si elle avait lu dans mes pensées, Armelle ajouta :

– Être dans cette énergie masculine de clarté qui permet l'action juste et pouvoir aller, en même temps, se déposer dans ce cocon où l'on est complètement embrassé à l'intérieur de soi !

En la quittant en fin d'après-midi, j'ai eu envie de marcher. J'ai pris la direction de la Seine, traversé le pont Napoléon III et j'ai continué jusqu'au Jardin du Luxembourg. Les passants semblaient tous particulièrement pressés, comme perdus dans leurs pensées. Les voitures roulaient vite. Les vitrines des magasins rivalisaient de luxe et de lumière. Il y avait toute cette effervescence, ce flot d'énergie qui était mis sur la surface des choses, et en même temps, cette profonde tranquillité qui était là. Comme un extraordinaire paradoxe. Ce qu'Armelle avait souligné me paraissait vraiment capital. Dès l'instant où l'on quittait ce rôle de victime, tout était offert, tout se trouvait véritablement à portée de main.

Ne niez aucun désir !

Je ne dis pas « N'ayez pas de désir », je dis « Ne niez aucun désir ! Reconnaissez-les. »

Car si vous croyez qu'un chercheur spirituel doit être sans désir, vous risquez de passer à côté de la possibilité d'une libération énorme que tel ou tel désir venait vous offrir.

L'important n'est pas d'être sans désir mais de s'apercevoir que nos désirs nous donnent l'opportunité de voir là où nous croyons trouver le bonheur, la complétude, l'amour. On peut alors comprendre que cette complétude ne se trouve pas à l'endroit où on la cherche mais dans le « je suis ».

Ce qui est essentiel, c'est de savoir si, confronté à tel désir, nous devons le réaliser ou pas. Parfois, il est nécessaire de passer à l'action car certains désirs sont si forts qu'ils se révèlent être de véritables guides sur notre chemin. Et parfois, ce n'est pas le cas, ce sont de simples distractions qui nous maintiennent dans la recherche du plaisir.

Avant de passer à l'action, il est donc important que je clarifie ma motivation. Est-ce que je veux vivre ce désir uniquement parce que j'en ai envie, parce que je recherche tout simplement le plaisir qu'il contient, sans me demander s'il peut m'emprisonner ou s'il peut faire du mal à quelqu'un ? Ou est-ce que je veux le vivre parce que, mon but étant la libération, je sens que la vie me guide et je fais confiance à ce désir qui peut m'amener vers une plus grande liberté ?

Cette clarification change tout car il n'y a alors plus rien dans la vie qui peut m'être funeste. Tout est fonction du but que je me donne.

C'est la même chose avec les relations. Que ce soit sur le plan amoureux ou entre parents et enfants, la relation peut constituer une source de libération énorme ou la pire des prisons. Et très souvent, on évite la relation ou on se coupe d'une relation plus intime parce que l'on a peur que cette intimité nous enferme et nous fasse souffrir.

Il faut alors à nouveau se demander si l'on cherche à s'attacher ou à se libérer ?

Parce qu'en fonction du but que je donne à mes actes, je vais vivre une expérience complètement différente.

Si, par exemple, j'ai peur de me perdre dans une relation amoureuse, je peux décider, d'un commun accord avec mon partenaire, de vivre cette relation dans une perspective de libération. Il va probablement se passer les mêmes choses qu'il se passe dans toutes les relations amoureuses – c'est-à-dire qu'il va y avoir attachement, peur de perdre, désaccords, etc. – mais tout cela, au travers d'une communication profonde et authentique, peut être mis en lumière dans un but de libération. Et cette attitude change tout.

C'est alors merveilleux de pouvoir vivre cette relation dans la présence parce que, de cet espace, il n'y a jamais de véritables problèmes. Il n'y a que des pensées qui nous traversent, des vibrations ou des contractions qui se présentent mais lorsque c'est vu de cette perspective, tout cela lâche très vite.

L'invitation, c'est d'oser tout regarder, d'oser soulever toutes les pierres que la vie nous présente à chaque instant. On n'a pas besoin d'aller fouiller, d'aller creuser quelque part en particulier, la vie est tellement parfaite qu'elle nous met à chaque instant face à ce que l'on a à voir pour se libérer, pour se reconnaître dans cette liberté que l'on est. Et de cet espace, le lâcher se fait.

Car l'invitation, c'est d'être en vie, c'est de se sentir pleinement en vie. Et qui dit en-vie, dit désir !

Cessons donc de diaboliser le désir. Le désir est la porte de la vie. Lorsque l'on cesse de nier notre humanité, on se rend compte qu'elle est la clef de ce que nous sommes. C'est l'attachement qui est la souffrance, pas le désir lui-même.

On ne peut pas rester dans le « sans forme ». La vérité de notre être, la libération totale, c'est le « sans forme » qui danse dans la forme.

C'est-à-dire, quand on ferme les yeux et que les concepts mentaux sont lâchés, c'est « ce qui est simplement là ». Ensuite, quand on ouvre les yeux ou qu'une pensée surgit, un monde réapparaît et la présence est toujours là. Ce monde est en nous, cette pensée est en nous mais on « est » avant que le monde émerge, avant que la pensée émerge.

Et ce que nous sommes, le « sans forme » s'exprime à travers cette expression unique qui est telle personne dans un corps de femme ou telle autre dans un corps d'homme. Et cette expression ne sera jamais la même pour qui que ce soit. Elle est toujours différente, toujours singulière.

Le désir est donc aussi une opportunité de voir qui je crois être. Car en laissant de plus en plus de désirs remonter à la surface, je vais devoir me poser la question : Est-ce que je dois tous les réaliser, est-ce que je dois passer à l'action pour chacun d'entre eux ? Ou est-ce qu'à travers eux, peut se passer une prise de conscience, une libération, parce que je vois que finalement je n'ai pas véritablement envie de cela ? Parce que je comprends que mon bonheur ne sera jamais trouvé dans une expérience, quelle qu'elle soit.

Quand, au contraire, je réprime tel ou tel désir, que je me le cache, il reste toujours actif parce que je continue à lui donner du pouvoir. En fait, je le repousse parce que j'en ai peur, j'ai peur du pouvoir que je lui donne, peur de là où il pourrait m'amener et de ce qu'il pourrait changer dans mes attachements.

Par contre, quand je laisse tous ces désirs remonter à la surface, j'accède à des profondeurs de mon être qui sont absolument incroyables. À partir de là, je me dépose de plus en plus profondément en moi-même.

En ce sens, le désir est une merveilleuse opportunité, une véritable porte ouverte vers ce que nous sommes.

Qu'est-ce qu'une vie réussie ?

Avoir à réussir sa vie est une idée vraiment horrible parce que cela suppose que l'on pourrait la rater. C'est comme l'expression « devoir gagner sa vie ». On est la vie ! On ne peut ni la gagner, ni la réussir, ni la rater !

Nous ne sommes pas là pour construire quelque chose. Croire à cela est bien trop petit pour ce que l'on est. C'est une limitation.

Ce serait ne vouloir qu'une petite partie alors que l'on est la totalité. Ce serait vouloir l'amour de l'autre alors que l'on est l'amour lui-même… vouloir la réussite sociale alors que l'on est l'univers entier… vouloir gagner toujours plus d'argent alors que l'on est l'abondance !

Il arrive un moment où il faut arrêter de chercher à l'extérieur de soi. Tout est déjà là. Nous sommes déjà ce que nous cherchons !

S'arrêter, pour trouver ce que l'on veut vraiment, qui est toujours là mais qui n'est vu qu'au moment où l'on s'arrête. La vie n'est qu'une constante invitation à cela. On pourrait dire ainsi qu'une vie réussie, c'est lorsque la recherche s'arrête.

Décrucifiez Jésus !

Il est temps de décrucifier Jésus, de le faire descendre de la croix. Parce que cette image nous induit en erreur, l'ère de la souffrance et du sacrifice est finie. Cette période est vraiment terminée.

Aujourd'hui, on peut se mettre dans une autre dynamique, dans une dynamique de conscience. La fin de la souffrance, la paix d'esprit, c'est notre droit de naissance. Et c'est ici, c'est maintenant !

Jésus, cette grande figure de l'humanité, ne s'est pas sacrifié. Il est venu nous parler de l'être, de ce qu'il appelait « la vie éternelle ». Cela n'a rien à voir avec une quelconque notion de sacrifice ou avec l'apologie de la souffrance.

Il n'y a pas de sacrifice à faire pour Dieu. C'est vraiment important de voir cela. On est, pourrait-on dire, l'extension de Dieu. Notre valeur est établie par le fait que l'on est la conscience. On n'a donc pas à prouver à Dieu que l'on a de la valeur pour mériter le ciel. On est le ciel. On n'a rien à prouver à personne, ni à soi-même, ni à nos parents, ni à Dieu.

Il n'existe pas non plus de péché originel parce que l'on ne s'est jamais séparé de notre source, c'est impossible.

En ce sens, l'être humain n'est pas coupable et son innocence est inconditionnelle. Il vit simplement dans un monde duel dans lequel l'identification est inévitable.

Je vais, par exemple, m'identifier au fait d'être un garçon ou une fille et ce simple fait implique que je ne suis plus conscient de la source de vie que je suis.

Avec cette identification, je vais aussi me prendre pour quelqu'un qui agit par lui-même. Je suis alors devenu un individu, un « auteur ». Et cet « auteur » va finir par tout s'approprier, jusqu'à se croire l'auteur de sa vie.

Mais je ne suis pas l'auteur de ma vie. La vie ne m'appartient pas. C'est la vie qui me vit. Et la libération se trouve dans la reconnaissance du fait qu'il n'existe pas d'auteur, que je suis simplement vécu par la vie. C'est dans cette reconnaissance que tous les problèmes disparaissent. Le passage du personnel à l'impersonnel se situe là.

Quand je m'approprie la vie d'une façon personnelle, je crée en moi de la culpabilité, du regret, de l'attente, parce que je me crois à l'origine de ce que j'ai fait ou de ce que je n'ai pas fait. Mais quand je me reconnais dans cette source impersonnelle, même si les choses semblent être vécues de façon personnelle, toute culpabilité, toute honte, tout regret, se dissout parce que tout ce que l'on vit est rendu à la vie. Tous les nœuds, toutes les cristallisations que nous avons en nous, viennent du fait que nous nous sommes pris à un moment donné pour un auteur.

On peut voir alors que l'origine de toute cette apologie de la souffrance, de ces cultes du martyr, de ces flagellations auxquelles on se condamne, se trouve précisément là, dans le sentiment de culpabilité que l'on éprouve du fait de se sentir séparé.

Comme je me crois l'auteur de cette séparation avec le divin, je crée un Dieu punissant qui, en me punissant, va me déculpabiliser. Et si, en plus, je me punis moi-même, Dieu n'aura plus besoin de me punir. Ma souffrance devient ainsi une échappatoire pour fuir le châtiment de ce Dieu punissant que j'ai créé.

C'est ce que je faisais quand j'étais petite. Lorsque je faisais une bêtise, je me rendais malade, j'avais mal à la tête ou envie de vomir. Et ma mère me disait : « Comment veux-tu que je te punisse, tu t'es déjà fait mal toi-même ? »

La culpabilité s'arrête quand on reconnaît que l'on n'est ni le penseur des pensées, ni l'auteur des actions. On est la vie qui se vit. On est vécu par la vie, pensé par la vie, respiré par la vie. C'est là que s'arrête la séparation. C'est l'arrêt du contrôle et c'est là que se trouve notre plus grand bonheur.

C'est ce que l'on cherche, par exemple, dans l'acte sexuel ou dans le fait de tomber amoureux, lâcher le contrôle pendant un moment, se laisser complètement aller, pouvoir entièrement s'abandonner, être un.

C'est là, dans ce lâcher de toutes les idées que nous avons sur quoi que ce soit, de toute identification à quoi que ce soit, qu'il peut y avoir communion. C'est là que nous nous connaissons en tant qu'unité. C'est au-delà de l'écoute de soi, au-delà d'être guidé dans la forme, au-delà de demander, au-delà de tout ça… Cette union, cette unité, est ouverture. Une ouverture à ce qui « est ». Notre vie est alors une prière, une ode à Dieu. Car ce qu'il est, est alors connu. Et ce que nous sommes est reconnu.

Trois grands pièges spirituels

Il faut vraiment aller voir partout où l'on se manipule, partout où l'on se ment.

J'ai observé trois grands pièges spirituels dans lesquels on tombe fréquemment.

Le premier, c'est l'envie d'appartenir à un groupe. Du fait que l'on ne sait pas qui on est, on est prêt à tout pour trouver des semblables. C'est l'origine de notre envie d'appartenir à un groupe. Comme on ne sait pas fonctionner avec la différence, comme on ne sait pas comment s'écouter soi-même, on veut aller vers ce qui nous ressemble. Mais vouloir trouver des semblables peut être un piège. Le travail intérieur, la recherche intérieure ou la découverte intérieure n'a rien à voir avec la similitude ou les affinités.

Ce qu'il faut voir aussi, c'est que derrière notre démarche spirituelle, il peut y avoir l'envie d'être quelqu'un de plus important que ce que l'on est.

Être un chercheur spirituel nous semble plus brillant qu'être artisan, professeur, mère de famille ou chef d'entreprise. Le groupe spirituel va ainsi nous offrir une image valorisée de nous-même.

Peu à peu, on va également chercher à avoir un rôle, une place, au sein de ce groupe, qui soit exemplaire à nos yeux. Cette place peut être sur le devant de la scène ou au contraire complètement humble. Mais on va très vite s'enfermer dans ces rôles et ces représentations que l'on se construit.

De plus, on transpose dans les groupes spirituels tout ce que l'on vit dans le monde, c'est-à-dire la compétition, l'ambition, la jalousie envers les autres, le fait de vouloir être le premier, de vouloir être le préféré de l'enseignant…

Au final, le désir d'appartenir au groupe et les gratifications que l'on en retire finissent par être plus importants que le désir de liberté. On devient dépendant du groupe. Et même si l'on parle de liberté au sein du groupe, le groupe ne peut pas véritablement la promouvoir puisqu'il a besoin de ses membres pour exister.

En même temps, celui qui dépend de plus en plus du groupe ne peut pas dire qu'il en est victime parce qu'il y va de son plein gré. Personne ne le force à rester. L'emprisonnement dans lequel les membres du groupe se mettent devient très subtil et très difficile à briser.

C'est pour cela qu'il est primordial d'être authentique avec soi. C'est la clé du chemin. Car on se ment sans arrêt, on se manipule soi-même très, très vite.

Le second piège dans lequel on peut tomber, c'est l'envie de quitter le monde, de le transcender.

Comme je souffre, comme je ne trouve pas ma place dans ce monde, je le fuis. Je fuis l'incarnation, le corps, l'argent, les responsabilités. Je me mets à croire que je dois arrêter de travailler.

Je cherche à appliquer des principes spirituels dans la forme au lieu de voir que tout se passe dans l'esprit. Je crois que je dois quitter le monde dans la forme alors que c'est dans l'esprit – en lâchant les croyances – que je dois le quitter pour que mon vécu puisse se transformer.

Il n'y a pas non plus un monde qui serait ordinaire et un autre qui serait plus spirituel. Tout se joue au contraire par une pleine implication dans le quotidien de ce monde, dans une authenticité de plus en plus profonde avec soi-même. Cela met fin à la division souvent créée entre la vie quotidienne et la spiritualité.

Je vais me dire que ce monde ne me convient pas, que je ne veux pas vivre dedans, mais en même temps je ne peux pas vivre ailleurs. C'est littéralement impossible ! D'autant que ce monde qui ne me convient pas, il n'existe que dans mon esprit, dans ce en quoi je crois. Je vais donc être en rébellion avec un monde que j'ai « créé », je vais entrer en résistance avec des pensées et des croyances que j'ai moi-même transformées en vérité. Et ce sont ces croyances qui m'emprisonnent, pas le monde ! Si je remonte à la racine de ce fonctionnement, je vais découvrir ce qu'est la véritable liberté et voir alors que le monde n'est pas comme je pensais qu'il était. Ce n'est pas le monde, ce n'est pas la société ou les autres qui me freinent, qui m'empêchent d'être qui je suis ou de vivre ce que je sens au cœur de mon être, ce sont toutes ces croyances auxquelles je donne encore du pouvoir.

Le troisième grand piège auquel on est confronté, c'est de croire que l'on doit supprimer ses émotions.

En fait, on utilise les concepts spirituels pour ne pas faire face à la souffrance ou aux émotions que l'on ressent et qui nous déstabilisent. On préfère dire que l'on ne souffre pas, que tout cela n'est qu'une illusion, que tout est parfait. On se croit détaché mais en fait, on se ment.

On préfère supprimer ce que l'on ne contrôle pas plutôt que s'ouvrir à ce que ces ressentis peuvent nous apporter. Car nos émotions sont une porte d'entrée vers nous-même.

Pourquoi ne pas accepter toutes les manifestations de la vie ? Toutes les émotions, quelles qu'elles soient, sont les bienvenues parce qu'elles ne peuvent pas se présenter autrement.

S'il y a réaction à une situation, c'est parce que cette réaction met à jour des conditionnements, des croyances, des mémoires qui se sont inscrites dans le corps et qui reviennent en cet instant. Cette réaction est alors l'opportunité de voir la croyance et de s'en libérer.

Laissez la vie se manifester comme elle se manifeste. Et dans cette pleine permission, l'émotion peut être totalement vécue et donc peut lâcher.

S'il y a de la colère, vivez-la à cent pour cent. S'il y a de la jalousie, vivez-la à cent pour cent. S'il y a de la tristesse, vivez-la à cent pour cent. Mais ne gardez pas l'histoire que vous vous racontez. Restez seulement avec l'émotion, l'énergie, sans l'histoire. Laissez l'énergie circuler et elle va se transformer. Elle va vous révéler les croyances qui la maintiennent.

Voyez également que vous n'êtes pas l'émotion. Voyez qu'il y a quelque chose au cœur de l'émotion qui est conscient de l'émotion et qui n'est pas l'émotion. Lorsque « ce que l'on est » est reconnu, lorsqu'il est vu que l'on n'est pas l'émotion, l'émotion lâche.

À ce moment-là, ce qui reste, c'est seulement le moment, ce qui est, sans définition. Là, les émotions ne sont plus jamais vues comme un problème mais comme les fabuleuses couleurs de la palette de la vie.

Ne vous définissez dans rien

La vie nous invite constamment à ne pas nous fixer, à lâcher toutes nos certitudes, toutes nos convictions sur ce que l'on croit être, sur ce que l'on croit aimer, sur ce que l'on croit connaître de nos préférences. Parce que d'un instant à l'autre, on peut être complètement différent, on peut aimer des choses totalement différentes.

Quand on me dit : « Toi, tu aimes le silence, tu es comme ceci ou comme cela… », je réponds que je n'en sais rien ; je suis comme ceci et parfois, je ne suis pas comme ceci. J'adore boire du café le matin mais s'il n'y en a pas, je serai contente de boire de l'eau ou un citron chaud, ou un thé. Est-ce que pour autant je suis « café » comme on dit ? Non. S'il y en a, je vais en boire mais ça ne me définit pas. Et c'est pareil pour tout. C'est être « inattrapable », inattrapable par soi-même et par les autres. Être constamment dans cette ouverture, sans centre.

On en revient encore à ce « Je ne sais pas ». On veut se définir parce que l'on ne supporte pas le fait de ne pas savoir, on ne supporte pas de rester dans l'ouverture, dans le vide. Notre corps ne nous définit pas, notre sexe ne nous définit pas, l'endroit où nous habitons ne nous définit pas, notre métier ne nous définit pas. Toutes ces formes ne sont que des moyens pour faire cette expérience du sans forme, de la conscience. Mais aucune n'est qui nous sommes.

Ne pas se fixer, ni dans des pensées, ni dans des émotions, ni dans des états afin de rester simplement dans cette ouverture. Tout ce que l'on peut perdre alors, c'est la peur de perdre.

La forme peut changer mais qui je suis ne change jamais. Parce qu'il y a la reconnaissance que la forme ne me définit plus.

Un lundi, 23 heures...

La nuit était tombée. Armelle, son ami Roger et Julie marchaient côte à côte. Je les suivais, quelques pas en arrière. Nous nous promenions sur une plage de galets, à la sortie d'un petit port, dans le sud de la France. Des milliers d'étoiles au-dessus de nos têtes et la mer immense à nos côtés...

Il ne faisait pas réellement froid mais nous nous étions couverts, écharpe, bonnet, veste... C'était comme un moment de recueillement.

J'écoutais le bruit des vagues qui venaient se briser à mes pieds tout en pensant à ce que j'avais vécu ces derniers mois. Une libération si profonde et en même temps si légère... Elle n'avait pas fait de bruit.

Je venais de passer quelques jours dans le sanctuaire de Notre-Dame du Laus, un lieu hors du temps, perdu dans les contreforts des Alpes et habité par la présence de Marie. Durant ce séjour, j'avais pris conscience de ce qu'était une filiation, de ce qu'était ce lien indéfectible que nous avions tous reçu en héritage.

J'avais vu comment, tout au long de ma vie, en cherchant un enseignement, j'avais dans le même mouvement investi l'enseignant. L'enseignant est important, bien sûr, et ma gratitude va à tous ceux et celles que j'ai rencontrés et qui m'ont éclairé sur ce chemin de conscience, mais il est comme le doigt qui montre la lune. L'enseignant n'est qu'une étape, il doit être quitté lui aussi ; ce qui est essentiel, fondamental, c'est la relation au divin, à la source, la relation avec l'être, avec ce que l'on est fondamentalement.

Dans cette petite basilique de Notre-Dame du Laus, chargée par la foi des croyants qui viennent y prier et dans la douceur que la présence aimante de Marie fait régner, j'avais retrouvé cette filiation avec le divin, cet alignement avec ma propre essence.

Tout en écoutant le crissement que faisaient les galets roulés par ces vagues infatigables, je pensais à toutes les conversations que j'avais eues avec Armelle, à tous ces moments bénis de présence avec elle. C'est à cette autonomie, bien sûr, qu'elle m'avait poussé, c'est à cette compréhension profonde qu'elle m'avait invité. Je ne pus m'empêcher de sourire.

Quel étrange chemin que ce chemin qui va de soi à soi, de l'illusion de soi au vide de soi.

Armelle s'était mise à courir sur la plage ; elle s'était dirigée vers les grands blocs de pierre d'une digue, les avait escaladés puis elle avait continué à marcher aussi loin qu'elle avait pu et arrivée au bord de l'eau, s'était arrêté. Elle ne bougeait plus, elle regardait la mer, droit devant elle, ou la nuit qui s'était déversée partout, ou cette ligne évanescente et lointaine qui unissait la terre au ciel.

Elle regardait peut-être autre chose, là, debout, immobile dans le vent, face à cette immensité si grande, si démesurée, à la fois si inhumaine et si étrangement proche.

On croit ce que l'on voit et on voit ce que l'on croit

Lorsque l'on donne du pouvoir à une idée, à une pensée, elle semble prendre forme. Lorsqu'il y a un ensemble de pensées et de croyances auquel on donne du crédit, on « crée » un monde, « notre » monde. Et c'est celui dans lequel on vit !

C'est pour cela qu'il existe autant de « mondes » que de personnes. On vit tous dans un monde différent. On peut, par exemple, faire l'amour avec quelqu'un – ce qui est une expérience particulièrement intime – et malgré tout, être chacun dans son monde. Même dans une expérience intime, il peut n'y avoir aucune rencontre.

Toutes ces croyances, toutes ces pensées, constituent des filtres entre nous et la réalité. Nous sommes « devenus » un empilement de filtres qui se sont superposés sur ce que nous sommes, sur ce que nous avons toujours été et sur ce que nous ne cesserons d'être.

Tous ces filtres nous donnent l'impression que l'on est un individu figé, solide, concret, qui a une vie à part entière mais tout cela n'est pas vrai. On parle d'éveil lorsque les croyances tombent et que ces filtres n'agissent plus. On se rend compte alors que ce personnage que l'on croyait être n'existe pas. Ce n'est pas qu'il a existé auparavant et qu'ensuite, il n'a plus existé, c'est qu'il n'a jamais eu la moindre existence. C'est la façon dont est construite notre expérience de vie qui donne cette impression de réalité. Cela nous renvoie à la parole de saint Thomas : « Je ne crois que ce que je vois ».

On croit ce que l'on voit mais en réalité, c'est parce que l'on y croit, qu'on le voit.

Comment peut-on être sûr de l'interprétation que nous avons d'un fait ? Comment être sûr que ce fait existe tel que nous le croyons ? Combien de fois dans ma vie j'ai cru à la réalité de certains comportements, de certaines situations, de certains faits, parce que cela faisait partie de mes croyances, de mes filtres. Ou alors, j'avais tellement peur de quelque chose que j'avais l'impression que c'était ce qui se passait. Et quand je lâchais la peur, la situation n'était plus la même : ce que j'avais vu n'existait plus du tout, l'autre n'agissait plus comme je croyais qu'il avait agi dans les minutes précédentes. Les choses ne se passaient plus comme je pensais qu'elles se passaient ! En fait, ce que j'avais cru voir et sentir n'était absolument plus là.

Plus on donne du pouvoir aux croyances et à nos projections, plus leur réalité nous semble forte.

Quand on vit d'une façon mentale, les histoires que l'on se raconte nous semblent tellement réelles qu'il faut vraiment avoir envie de les dénoncer, qu'il faut véritablement vouloir les regarder dans leur nudité et dans le feu de la conscience pour qu'elles puissent perdre le pouvoir qu'on leur donne.

En réalité, il faut reconnaître que l'on n'a pas véritablement envie de les voir parce que le coût est trop élevé : cela nous coûte le monde tel que l'on croit qu'il est. En quelque sorte, cela nous coûte tout !

Tant qu'il y a une projection dans une forme, cette projection va avoir du pouvoir et c'est impossible qu'elle se dissolve comme ça.

La projection doit être ramenée là d'où elle vient, non pas à notre mental, non pas à ce personnage qui se prend pour l'auteur de sa vie, mais à l'esprit, à la conscience, à la source de tout. Parce que la projection du monde entier vient de la conscience.

Sans la conscience, il n'y a pas de monde. L'idée même de séparation émerge dans la conscience. Quand tout revient là, alors, oui, toutes les projections se dissolvent.

Le chercheur

Pourquoi est-ce qu'un chercheur spirituel n'arrête jamais sa quête ? Pourquoi est-ce qu'il passe sa vie à aller d'un enseignement à un autre, d'un témoignage à un autre ?

Parce que bien souvent la recherche constitue pour lui une nouvelle identité. Les concepts destinés à la libération deviennent très vite de nouvelles croyances qui génèrent à leur tour une nouvelle façon de se définir.

Si le chercheur n'est plus dans la quête, il ne sait alors plus qui il est. La recherche est devenue le seul sens qu'il donne à sa vie.

Mais si le chercheur ne peut pas s'arrêter, s'il accumule les rencontres et les enseignements spirituels, il faut qu'il se demande s'il n'est pas en train de fuir quelque chose. Peut-être qu'il fuit une souffrance qu'il refuse de voir, peut-être qu'il fuit le monde, la société ou simplement la relation. Peut-être qu'il est coincé dans une façon de vivre qu'il pense spirituelle et qu'ainsi, il ne peut pas imaginer « revenir » à une vie ordinaire. En quelque sorte, il se fuit lui-même.

Et s'il arrête la recherche, s'il accepte la simplicité de ce qui est, c'est fini, il n'existe plus. C'est pour cela qu'il ne veut pas s'arrêter, qu'il ne veut pas ouvrir les yeux sur ce qui se joue réellement en lui. Peut-être aussi que si la recherche s'arrête, la vie pourrait l'emmener exactement là où il ne veut pas aller. En continuant, il garde donc le contrôle.

Tous ses amis, toutes ses activités, toutes ses lectures, toutes ses discussions, tournent autour de la recherche. Il n'y a plus que ça. Mais s'il n'y a plus ça, il doit se demander : « Qui suis-je alors ? Qu'est-ce que la vie, sans cela ? »

Là, il va se trouver face à un vide. Et c'est ce vide auquel il doit faire face.

Qui suis-je lorsque je ne sais plus ? Qui suis-je face à ce vide ?

Quand je ne sais plus, je ne suis plus. Mais « je ne suis plus » selon la façon d'être que j'ai connu jusqu'à présent. Or, en cet instant, ce « je » qui sait tout et qui a dirigé toute mon existence, a disparu et bien qu'il ait disparu, la vie continue à circuler en moi. Là, je suis face au paradoxe le plus important de mon existence. Là, je suis.

Le chercheur cherche et existe tant qu'il se croit séparé de la vie mais, en réalité, ce n'est pas le cas.

On fait l'expérience d'en être séparé, d'en être coupé – et c'est ce qui constitue la souffrance – mais on n'en est jamais véritablement coupé.

C'est pour cette raison qu'il n'y a pas à revenir à l'être ou à l'unité, il y a simplement à voir que cela a toujours été là, que cela n'est jamais parti.

Tant qu'il y a « revenir à quelque chose », il y a un processus à faire et un but à atteindre. Mais la démarche est complètement différente quand on voit que cela a toujours été là. Il n'est plus question d'un futur dans lequel on va atteindre quelque chose, c'est à chaque moment que l'on voit que c'est *là*, et puis *là*, et *là* aussi, et *là* encore !

Donc, on s'assied dans le terreau de l'être et puis on voit que tout a toujours grandi dans ce terreau d'être, on n'a jamais été autre chose que ce jardin, on n'a jamais été autre chose que toutes ces fleurs, que ces millions de bouquets, ou que ce compost, ou que ces carcasses d'animaux parce que cela fait aussi partie de la vie.

Pour la vie que l'on est, il n'y a pas de jugement. La carcasse d'animal n'est pas moins bien que la plus belle des fleurs, que le lys ou le lotus. Ce n'est que du point de vue de notre mental humain qu'il y a une préférence, qu'il y a la croyance que telle chose ne devrait pas être.

La séparation, c'est le fait de catégoriser, de mettre une définition sur ce qui est. On le fait parce que « ne pas savoir », « ne pas avoir de définition » est insupportable pour le mental humain. Il se sent face à un vide. Et ce vide arrête toute activité mentale. C'est le stop. C'est pour cela que l'on a constamment envie de tout définir, de tout comprendre, d'avoir toujours plus d'explications, plus d'amour, plus de reconnaissances, plus de connexions dans les relations…

Mais ce n'est que dans l'assise dans notre être que l'on peut vivre ce « ne pas savoir ». Et c'est là que le chercheur trouve sa résolution.

À propos de l'éveil

J'ai vraiment envie que les textes de ce livre vous ramènent à votre propre processus, à la façon dont vous le vivez dans le quotidien, à la façon dont vous investiguez et questionnez tout ce que vous entendez ou lisez sur ce sujet.

Est-ce que ce qui est lu ou entendu est exploré ? Est-ce que vous pouvez dire qu'à la suite de ce que vous lisez ou entendez, votre expérience contient davantage de paix et de bonheur ?

Parce que la chose que l'on recherche véritablement, c'est cela, le bonheur au quotidien. Et à travers ces expériences d'éveil ou d'illumination, c'est toujours cela que l'on recherche.

Mais peut-être qu'il faut tout remettre à plat. Parce que quand on se demande : « Qu'est-ce que l'éveil ? De quoi se libère-t-on ? », on se rend compte que l'on ne sait pas réellement de quoi on parle. Si au moins on savait ce que c'est ou de quelle expérience il s'agit, on pourrait dire : « Ah, ok, j'y suis ! »

Mais comme on ne sait pas ce que c'est, on ne pourra jamais savoir quand on l'aura atteint. En fait, on compense notre ignorance en imaginant à quoi cela doit ressembler. On s'en fait une idée en quelque sorte. On lit ou on entend des expériences d'éveil qui sont partagées et on les comprend à notre façon. On retient certains éléments et pas d'autres.

On peut alors s'imaginer que l'éveil va nous faire vivre dans une sorte d'état extraordinaire, ou que l'on va expérimenter un sentiment d'unité en permanence, ou que, désormais, on ne vivra plus que des expériences positives, mais toutes ces idées n'ont rien à voir avec la réalité de ce que c'est.

Généralement, on s'attend aussi à vivre une expérience similaire à celle que l'on a lue ou entendue mais l'expérience qu'a eue cette personne n'est pas nécessairement celle que l'on doit vivre. Et cette attente d'une expérience précise nous empêche de nous arrêter sur l'expérience que l'on vit, elle nous empêche de faire confiance à ce qui s'ouvre en nous, à ce qui se vit en nous.

On dit que l'on veut l'éveil mais en réalité on veut uniquement l'idée que l'on s'en fait. Et comme on n'atteint jamais ce que l'on imagine à propos de l'éveil, on continue à le chercher. Aussi, tant que l'idée que l'on s'en est faite n'est pas lâchée, on va continuer à chercher quelque chose qui n'existe pas. On peut ainsi passer sa vie à courir après une chimère, après un état d'être totalement imaginaire.

Tant que l'on n'a pas une réponse concrète et précise sur ce que l'on cherche ou sur ce qu'est l'éveil, on risque de chercher pendant longtemps. Alors, de quoi parle-t-on quand on parle d'éveil ? On pourrait dire, très simplement, que c'est l'absence de toute résistance à la vie et par conséquent, l'absence de l'émergence de la souffrance. C'est la paix d'esprit continue, le bonheur sans raison. Dans l'expérience de l'éveil, il est reconnu qu'il n'y a personne au cœur de l'expérience. En d'autres mots, nous ne sommes pas l'agissant, nous ne vivons pas la vie, c'est la vie qui nous vit ! Cela est la fin de la souffrance.

Et comme l'intégration de nos prises de conscience et de toutes les expériences que l'on vit se fait dans le quotidien, c'est précisément là que l'on peut voir où on en est vraiment. C'est pour cela que le quotidien est si important. Constamment, il nous invite à regarder ce qui se passe en nous.

Au quotidien, ce ne sont donc pas des états d'unité ou d'extase qui se vivent ; au quotidien, on vit simplement sa vie, à chaque instant. On fait des choix, on prend des décisions, on peut être joyeux, on peut être triste… On n'est pas dans une bulle. Mais par contre, on ne se prend plus pour « celui qui fait », pour « celui qui agit ». Il n'y a plus de volonté de contrôle sur les événements, plus de jugements, plus de compétition, plus de recherche de résultat. C'est cela, la disparition de toute résistance à la vie. C'est cela que l'on appelle l'éveil, la fin de l'illusion que l'on était au contrôle, que l'on était l'agissant au cœur de l'expérience. Tout ce qu'il y a, c'est ce qui est. Et nous sommes cela.

Nous vivons dans un monde de dualité dans lequel le flux de la vie s'écoule constamment entre douleur et plaisir. Ainsi, on peut très vite s'imaginer également que l'éveil va nous amener la fin de tout ce qui est rattaché à la douleur (on ne connaîtra plus la tristesse, le chagrin ou la maladie, par exemple), que nous ne serons plus jamais confrontés à des expériences négatives et que notre vécu sera dorénavant toujours positif. Ce n'est pas du tout cela. Parce que le flux de la vie ne change pas et ne changera jamais. Il continue et il continuera toujours à y avoir plaisir et douleur, douleur et plaisir…

Si l'on n'accepte pas cette façon dont la vie se passe, c'est parce que l'on croit que le plaisir constitue notre bonheur et que l'on veut éprouver uniquement du plaisir. On croit que notre bonheur va se trouver dans la forme des choses. Du coup, on n'est pas libre parce que l'on rattache notre bonheur à quelque chose qui se trouve à l'extérieur de nous. Et dès que le plaisir n'est pas donné, c'est la douleur, la frustration, qui est là. On s'imagine alors qu'il y a quelque chose qui s'est mal passé, que l'on n'avait pas la bonne clé. Mais la vie ne va jamais cesser d'être ce flux qui oscille entre plaisir et douleur, douleur et plaisir. Tant que cela n'est pas compris, tant que cela n'est pas exploré, regardé en profondeur, on va continuer à courir après quelque chose que l'on ne trouvera jamais.

Lorsque les concepts spirituels que l'on rencontre ne sont pas véritablement explorés dans l'expérience, ils deviennent des croyances. Et ces croyances finissent par devenir des vérités en nous parce que nous n'avons pas vérifié à l'intérieur si cela se passait vraiment de cette façon. On se met alors à vivre dans un semblant de réalité, dans une réalité fictive. Et quand on nous demande : « Pourquoi est-ce que tu penses cela ? Pourquoi est-ce que tu crois cela ? », on ne peut pas l'expliquer parce que l'on n'en a pas fait l'expérience, on n'a pas regardé comment on fonctionne. En fait, on a contourné l'expérience.

La libération ne signifie donc pas que l'on ne va plus éprouver de tristesse ou d'émotion, que l'on pourrait même ne plus jamais avoir peur. Des émotions continuent à se présenter parce qu'elles font partie des réactions biologiques normales de l'être humain. Ces réactions ne vont pas s'arrêter avec la libération parce que le véhicule, à travers lequel la vie se vit, est un être humain et que les êtres humains sont faits de ces réactions biologiques là.

La libération ne veut pas dire que l'on devient des robots qui ne ressentent plus rien, cela veut simplement dire : être pleinement humain et en paix, dans la connaissance profonde de la connexion ininterrompue avec la source que nous sommes.

Le fait de ne plus se prendre pour l'agissant, pour celui qui est à l'origine des expériences que l'on vit, le fait de constater que l'on n'a aucun contrôle sur les situations et que l'on n'en a jamais eu, ne signifie pas pour autant que l'on ne peut pas faire de choix ou prendre de décisions. La liberté se trouve simplement dans l'écoute de ce qui se vit en nous à chaque instant et dans l'action qui en découle, en laissant de côté les « je devrais » ou « je ne devrais pas ».

Mais cela ne peut se faire que s'il y a déjà une profonde compréhension qui s'est faite en nous que notre bonheur ne sera trouvé dans aucune circonstance extérieure. Parce que « qui je suis », « la paix que je cherche », « le bonheur sans condition », ne dépendent en aucune façon d'une situation particulière, d'une relation particulière ou d'une acquisition particulière… Quand on enlève ces attentes, on peut alors être simplement là, en tant que « ce que je suis », sans avoir besoin de plus, sans avoir besoin d'autre chose, pleinement à l'écoute de ce qui se vit en moi, en suivant à chaque instant le mouvement qui m'habite. C'est cela, la paix d'esprit. Quand on n'a besoin de rien de plus, besoin de rien d'autre. Et que l'on n'a pas besoin de savoir ce qui va se passer l'instant d'après. Que l'on peut juste être ici, là, maintenant.

Et si nous n'avions aucun contrôle sur notre vie ?

Certaines approches, certains concepts spirituels, sont utiles à un moment de notre chemin mais ils peuvent aussi être abandonnés lorsqu'une maturité plus grande est là. Ce n'est pas que l'approche ou le concept en question étaient faux, il s'agit simplement de s'ouvrir à un autre point de vue vis-à-vis du chemin et d'approfondir son expérience.

On croit, par exemple, être l'auteur de nos choix, avoir la responsabilité de ce que nous vivons. On croit avoir le contrôle sur ce qui nous arrive mais si ce n'était pas vrai ? Si, en réalité, nous ne contrôlions rien du tout ?

Il faudrait commencer par voir que ce que nous vivons, nos choix, nos décisions, les situations que nous rencontrons, sont le résultat à la fois de nos multiples conditionnements – qu'ils soient biologiques, socioculturels, familiaux, religieux, etc. – et des circonstances dans lesquelles on se retrouve à chaque instant. En ce sens, il n'existe pas « quelqu'un » à proprement parler qui pourrait être responsable des expériences que nous vivons.

Ce qui arrive, arrive parce que cela ne peut pas se passer autrement. Envisager une autre possibilité que celle qui se présente dans l'instant ne peut se faire que par un effort d'imagination. « Si j'étais arrivé à temps, par exemple, telle situation aurait pu être évitée. » Mais ce genre de réflexion suppose que l'on pourrait changer le passé, ce qui est impossible ; le passé ne peut pas être changé. On a déjà parlé de ce point. Je ne suis pas arrivé à temps, c'est ainsi et pas autrement. Chaque situation que l'on vit se présente donc de façon inéluctable. Mais elle survient également sans que nous ayons le moindre contrôle sur elle. Nous ne savions pas qu'en allant à telle soirée, nous allions rencontrer l'homme ou la femme de notre vie.

Si nous pensons constamment à une autre alternative possible par rapport au passé, c'est parce que nous croyons être l'auteur de nos actes et que l'autre l'est aussi. Quand les choses ne se passent pas comme on l'aurait voulu, on se sent donc coupable ou on se blâme, ce qui peut entraîner de la colère ou du ressentiment. Ces sentiments peuvent être intolérables sans la compréhension que nous ne sommes pas celui qui agit. Mais, dès lors que vous avez intégré que ce n'est pas vous qui agissez, la culpabilité ou le blâme n'émergent plus. Les subterfuges passés n'ont alors plus de raison d'être.

Choix, non-choix, qu'en est-il ?

Nous ne sommes pas l'agissant, nous n'avons aucun contrôle sur la vie et pourtant, nous prenons des décisions et faisons des choix. Comment réconcilier ces deux aspects apparemment antinomiques ? Si nous ne contrôlons rien, quelle est la place de notre libre arbitre ? Où se situe notre liberté ?

À chaque instant, la vie se vit non pas abstraitement mais dans ce monde-ci, dans la dualité, et plus précisément à travers le véhicule de notre corps humain qui va poser des actes, prendre des décisions et faire des choix. Mais le choix que je fais à un moment « x » a été pris en fonction d'un ensemble d'éléments qui a déterminé ce choix. Ce qui est donc à l'origine de « mon » choix a été provoqué par les particularités de mes gènes, par les spécificités de mon milieu familial, de mon éducation, du milieu social et économique dans lequel je vis, par les différents conditionnements que j'ai reçus et par la situation telle qu'elle se présente ;

c'est-à-dire par tout ce qui fait l'être humain que je suis, dans ce moment « x » où je prends cette décision. Tous ces points étant des éléments sur lesquels je n'ai, en réalité, aucun contrôle. C'est pour cela qu'il est impossible que je fasse dans ce moment « x » un autre choix que celui que je pose dans ce moment-là, parce que ce choix est le résultat de ce que je suis dans ce moment précis. Les choses se passent donc exactement comme l'histoire de la vie l'a prévu.

Ainsi, à chaque instant, quelles que soient les décisions que l'on prend, ces décisions sont basées sur des facteurs qui ne sont pas en notre contrôle et qui vont amener des résultats qui ne sont pas en notre contrôle non plus. Vous décidez, par exemple, de partir en week-end et votre voiture tombe en panne ou alors il y a une grève des trains, et tout ce que vous avez imaginé ne se réalise pas. On a tous déjà observé, dans la vie quotidienne, des situations où l'on aimerait faire ceci ou faire cela et où en même temps, on se retrouve face à l'impossibilité ou à l'incapacité d'agir de cette façon ; l'incapacité d'aller dans telle direction alors que l'on en a très envie. Quand on explore nos expériences de vie, on voit que l'on ne contrôle absolument rien.

Notre libre arbitre se situe simplement dans le fait d'accompagner ou non ce que l'on sent au plus profond de soi.

Mais dans la reconnaissance de la connexion avec la source que nous sommes, il n'y a plus de question : « Est-ce que je fais le bon ou le mauvais choix ? » Parce que l'on ne croit plus que tel résultat va nous amener vers quelque chose que l'on n'a pas ou qu'il pourrait nous retirer quelque chose auquel on est attaché. Il y a juste ce qui est.

Et la vie va aller exactement là où elle doit aller. Et plus on explore son expérience, plus on devient au fait qu'il n'y a personne qui a le contrôle sur quoi que ce soit, qu'il n'y a jamais eu personne qui, à un moment donné, a pu avoir le moindre contrôle !

C'est assez fabuleux parce que l'on s'aperçoit alors que tout ce que l'on a vécu nous a amenés à être celui que l'on est aujourd'hui. En ce sens, même ce que je peux considérer comme des « erreurs » n'en sont pas dans le sens où elles m'ont permis d'être celui que je suis en cet instant. Il n'y a donc plus de culpabilité possible.

De même, on n'a plus besoin de se glorifier. Car se culpabiliser ou se glorifier constitue le même piège. On croit que l'on est celui qui fait, on croit que l'on est l'agissant au cœur de l'expérience, mais ce n'est pas vrai.

En condamnant la part de nous qui fait mal les choses et en glorifiant celle qui croit réussir, on crée constamment la souffrance, la culpabilité, le blâme, la fierté, l'attachement aux résultats, l'attente perpétuelle de ce qui va nous rendre heureux ou complet. Mais l'expérience nous montre que ce n'est pas cela que la vie nous amène. Ce qu'elle nous offre, d'une façon merveilleuse, c'est toujours la plus parfaite leçon pour voir et comprendre, à chaque instant, ce que nous sommes vraiment.

De même, ce n'est pas vous qui allez provoquer l'éveil. Par rapport au processus que vous vivez, il est important de sentir et de comprendre que, là aussi, vous n'avez pas le contrôle. Ce n'est pas vous qui allez provoquer la libération. Ce qui doit se passer arrivera, point. Vous pouvez constater que la vie vous a déjà orienté vers des témoignages d'éveil, vers des vidéos que vous avez regardées, vers des livres que vous avez lus. Si la vie vous a amené jusqu'à l'endroit où vous êtes, pourquoi vous abandonnerait-elle en chemin, pourquoi ne vous amènerait-elle pas jusqu'au bout ? La conscience se reconnaît elle-même. Nous n'en sommes que l'instrument au travers duquel cela se passe… ou pas.

Mais on ne voit pas cet aspect. Parce que l'on croit que l'on a trouvé le chemin par soi-même, que l'on est tombé sur telle vidéo ou sur tel livre par notre propre effort, par notre propre volonté et par nos choix personnels. Et si rien de tout cela n'était vrai ?

Si, alors, on s'ouvrait pleinement à la possibilité qu'en effet, on n'a jamais rien choisi dans notre vie malgré le fait que nous ayons posé des choix. C'est ce paradoxe que nous vivons en permanence. Bien que cela semble être le cas, ce n'est pas ce que l'on fait qui provoque ce que l'on va vivre l'instant d'après.

D'une certaine façon, on peut dire que chaque instant nous amène à l'instant suivant. Et d'une autre façon, on peut dire aussi qu'il n'existe que ce qui se passe dans l'instant. Et chacune de ces affirmations est vraie.

Toutes ces approches, tous ces points de vue et ces concepts ne sont là que pour une seule raison : défaire toutes les croyances qui sont ancrées en nous. Ces concepts ne sont pas la vérité. Ils sont simplement des indicateurs qui pointent vers ce que nous sommes, qui pointent vers le bonheur que procure la paix de l'esprit. Je ne parle pas d'un bonheur qui viendrait du plaisir et de l'acquisition de quoi que ce soit mais du bonheur d'être. Non pas être quelqu'un ou quelque chose. Être. Tout simplement.

L'amour inconditionnel

L'amour inconditionnel, c'est notre véritable nature, c'est ce que nous sommes. C'est ce qui est là quand tout s'arrête, quand il n'y a plus de jugement, plus de division entre bien et mal, entre « cela devrait être et cela ne devrait pas être », quand il n'y a plus de haine.

Plus on se pose, plus on revient dans cet espace de silence, et plus cet amour inconditionnel est connu.

Il s'agit donc simplement de se reconnecter à soi-même, à notre essence.

On pourrait prendre l'image d'une gouttière qui reçoit l'eau de pluie. Parfois le coude qui fait la jonction avec la descente de gouttière se déboîte. La pluie peut être très intense, l'eau peut couler très fort mais la descente de gouttière reste vide parce que le tube s'est déboîté, il n'est plus au bon endroit et l'eau coule à côté. C'est la même chose pour nous. La source n'est qu'amour. Quand on est en alignement avec la source, l'amour est notre expérience et quand on est déboîté, déconnecté, l'amour coule toujours mais il n'est plus ce qui semble nous alimenter.

L'amour ne cesse jamais de couler. On pourrait dire que Dieu nous chante des chants d'amour tout le temps. Il n'arrête pas. Ce qui fait que l'on ne les entend pas, que l'on ne vit pas en permanence cet amour, cette liberté d'être, cette ouverture, c'est que l'on n'est pas dans l'alignement de la gouttière.

Et dès que l'on se reconnecte, hop, c'est là. Parfois, c'est même tellement intense que l'on peut avoir envie de retourner hors de la gouttière, parce que, dans ces moments-là, on veut garder son individualité.

Dans la gouttière, c'est sans effort mais c'est aussi sans direction. C'est également sans contrôle. Ce qui veut dire que si l'on a encore des idées personnelles sur ce que l'on veut, on ne va peut-être pas l'obtenir parce que l'alignement de la gouttière ne répond qu'au véritable désir du cœur. Il ne répond qu'au désir le plus profond qui est la reconnaissance de notre véritable nature.

C'est ainsi parce que c'est la vie elle-même qui a mis ce programme, parce que c'est la conscience elle-même qui cherche à se reconnaître en tant que telle. Et c'est parce que ce programme est là que l'expérience de l'amour inconditionnel est inévitable.

Le double déni de soi

Aujourd'hui, non seulement, l'être humain ne se connaît plus dans le divin, dans le sacré qu'il est, mais il ne se connaît plus non plus dans l'humain qu'il est. C'est cela que je nomme le double déni de soi.

Non seulement l'écoute de nos profondeurs se fait rare mais en plus, la plupart d'entre nous ne s'habitent même pas !

Nous sommes donc très souvent en fuite. Fuite de notre divinité, de notre source, dans une dynamique qui ne cherche qu'à faire ou à acquérir pour combler cette impression de manque.

Fuite aussi de la souffrance due à ce déni de notre source, cachant par là la seule et unique racine, la seule et unique réponse à tous ces maux : la connexion !

Cette fuite de la souffrance se poursuit encore dans notre quête, que ce soit dans les milieux spirituels ou de développement personnel, cherchant sans cesse à nous parfaire, à nous changer, ou cherchant une expérience imaginaire de quelque chose qui n'a jamais cessé d'être là, qui est plus proche et plus intime que tout ce que l'on peut imaginer, qui n'a aucun goût particulier et qui pourtant comprend toutes les saveurs sans jamais les définir, ni les juger.

Fuite encore en cherchant à acquérir un certain savoir, une certaine compréhension, tous deux utilisés comme une autre défense pour rester emmuré au lieu de la laisser nous libérer.

C'est pourtant si simple.

Arrêtez-vous un instant. Pour voir, sentir…

Arrêtez surtout l'histoire qui dit que vous n'y arrivez pas ; que vous n'êtes pas capable. C'est faux. Cette histoire-là, il est également temps de l'abandonner. Cessez de jouer les victimes de vous-même ! Vous voulez la liberté, le bonheur ? Alors arrêtez tout ! Oui, stop !

Soyez juste assis dans votre fauteuil. Vraiment assis. Sentez partout où votre corps touche le siège et soyez juste là.

Que se passe-t-il ? N'y a-t-il pas tout votre corps, qui même pour un bref ou un très bref instant, se détend, est parcouru d'un frémissement ?

Vous voilà ici. Tout simplement ici. C'est aussi simple que cela !

Cela vous donne envie de pleurer ? Allez-y, c'est normal. C'est parce que vous venez de rentrer à la maison, de rentrer chez vous. Là d'où vous n'étiez jamais parti mais là également, où vous ne vous arrêtiez plus.

Ici, c'est chez vous. Revenez-y autant que vous le souhaitez, vous êtes toujours le bienvenu. Vous n'avez jamais besoin de prévenir avant de passer. Vous ne serez jamais rejeté et vous ne trouverez jamais la porte fermée parce que vous n'avez pas donné de nouvelle. Ici, c'est accueil et amour inconditionnel.

Venez vous abreuver à cette source et vous n'aurez plus jamais faim, ni soif. Ici, vous êtes !

De cet espace de paix et de silence, vous viennent les réponses à toutes les questions que vous vous posez, à tous les problèmes que vous pensez avoir. Venez ici et dans ce silence, écoutez.

Vous vivrez alors votre profonde humanité car vous avez accès à toutes les réponses concrètes sur votre vie. Vous avez également accès à votre divinité car cet espace, c'est votre connexion à la Source, c'est ce que nous sommes, c'est le sans forme.

Il ne vous reste alors plus qu'à vous réjouir et à danser la danse de l'être, à danser dans la forme cette reconnaissance de notre invisible nature.

Là, je suis avec vous. Toujours.

Et je danse éternellement.

Table

Pour aller plus loin et contacter Armelle Six :

www.rencontreenpresence.com
https://www.facebook.com/sixarmelle/

RÉALISATION : NORD COMPO À VILLENEUVE- D'ASCQ
IMPRESSION : MAURY IMPRIMEUR À MALESHERBES (45)
DÉPÔT LÉGAL : AVRIL 2018 - N° 138036 (225920)
IMPRIMÉ EN FRANCE

ÉGALEMENT DANS LA COLLECTION

POINTS VIVRE

Le bonheur est en vous

Marcelle Auclair

Le meilleur des antidépresseurs !

Marcelle Auclair affirme que la pensée et la parole créent de puissantes vibrations qui façonnent nos vies. Une leçon d'optimisme ! Comme la force électrique, comme la pesanteur, comme le son, le bonheur est, et il a ses lois ! Ce grand classique de la pensée positive et de la sagesse pratique peut changer le cours de votre vie. Un vrai livre de chevet pour tous ceux qui savent que la vie commence aujourd'hui...

Marcelle Auclair : une femme et une intuition hors du commun. Conférencière à 14 ans, instigatrice d'un salon littéraire franco-chilien à 18 ans, elle co-fonde *Marie-Claire*, le premier journal féminin moderne. Elle publie aussi des biographies qui font date, ainsi que deux livres devenus des best-sellers, *Le bonheur est en vous* et *Pratique du bonheur.*

ÉGALEMENT DANS LA COLLECTION

POINTS VIVRE

Ce qu'Amma dit au monde

Enseignements 1

Mata Amritanandamayi

La voie qu'Amma prêche inlassablement est celle de l'Amour, seul but véritable de toute démarche spirituelle. À travers des échanges informels avec ses disciples, Amma livre son regard sur la vie. Dans une langue accessible à tous, elle répond aux questions sur la souffrance, les conditionnements, la vie de couple, l'éducation, la mort ou encore notre lien à la nature. Pour partir à la découverte de notre être profond et de notre liberté.

Née en Inde en 1953, **Amma** est une figure spirituelle d'envergure internationale. Depuis 1975, elle a étreint plus de 34 millions de personnes. Elle vient en aide aux plus démunis à travers son réseau d'œuvres caritatives Embracing the World. Pour son action, Amma a reçu de nombreux prix, dont le prix Gandhi-King pour la paix et la non-violence.

ÉGALEMENT DANS LA COLLECTION

POINTS
VIVRE

Faire la paix avec soi
365 méditations quotidiennes
Etty Hillesum

Un peu de sagesse pour chaque jour

La publication des écrits d'Etty Hillesum aura, sans aucun doute, compté parmi les événements littéraires les plus marquants de notre époque. Maître de sagesse et de résistance intérieure, elle est une compagne précieuse pour un travail sur soi au quotidien.
Les phrases de ce calendrier perpétuel sont extraites d'*Une vie bouleversée*, son journal. Chaque jour, des mots s'élèvent, comme on ouvre, sans cesse surpris et émerveillé, une boîte à papillons.

Entre 1941 et 1943, **Etty Hillesum**, une jeune Hollandaise, a tenu tête au mal en s'approchant du silence intérieur. Morte à Auschwitz le 30 novembre 1943, elle a laissé derrière elle onze petits cahiers à spirale et des centaines de lettres. Publiés quarante ans après sa mort, ils constituent son inoubliable et unique œuvre.

ÉGALEMENT DANS LA COLLECTION

POINTS VIVRE

Petite Philosophie des mandalas

Méditation sur la beauté du monde

Fabrice Midal

Le terme « mandala », principe clef du bouddhisme, est entré dans le langage courant. Avec le mandala, on apprend à retrouver un monde, une unité, ou à se sentir relié à nouveau aux êtres et aux choses. Il questionne notre rapport à nous-même et à ce qui nous entoure, démarche que l'on retrouve aussi bien dans la science, la psychanalyse, la philosophie que dans l'art moderne.
Une façon de trouver son centre.

Docteur en philosophie et maître de méditation, **Fabrice Midal** est l'un des chefs de file du bouddhisme occidental. Disciple de Chögyam Trungpa, il est fondateur de l'École occidentale de méditation.